本书受到河北省社会科学基金项目"信息化背景下政府公共关系研究——以河北省为例"（HB16GL085）的资助

信息技术驱动下科层制组织的发展研究

苗俊玲◎著

燕山大学出版社

·秦皇岛·

图书在版编目（CIP）数据

信息技术驱动下科层制组织的发展研究 / 苗俊玲著. — 秦皇岛：燕山大学出版社，2021.8

ISBN 978-7-5761-0219-2

Ⅰ.①信… Ⅱ.①苗… Ⅲ.①信息技术－应用－行政管理－研究－中国 Ⅳ.①D630.1-39

中国版本图书馆 CIP 数据核字（2021）第 161796 号

信息技术驱动下科层制组织的发展研究
苗俊玲 著

出 版 人：	陈　玉
策划编辑：	唐　雷　张　蕊
责任编辑：	张　蕊
封面设计：	方志强
出版发行：	燕山大学出版社
地　　址：	河北省秦皇岛市河北大街西段 438 号
邮政编码：	066004
电　　话：	0335-8387555
印　　刷：	英格拉姆印刷(固安)有限公司
经　　销：	全国新华书店
开　　本：	700mm×1000mm　1/16
印　　张：	12.25
字　　数：	206 千字
版　　次：	2021 年 8 月第 1 版
印　　次：	2021 年 8 月第 1 次印刷
书　　号：	ISBN 978-7-5761-0219-2
定　　价：	48.00 元

版权所有　侵权必究

如发生印刷、装订质量问题，读者可与出版社联系调换

联系电话：0335-8387718

前　言

信息技术是一个综合性的、动态发展的概念，包括通信技术、网络技术、大数据、人工智能等新一代信息技术，它由工业技术发展而来。科层制组织以韦伯的概括为经典，政府组织是其典型形态。自20世纪90年代各国开始建设电子政务以来，智慧政府、数字政府成为新一代信息技术引领下的政府组织形式。

信息技术的发展日新月异，技术处于不断更新中。政府组织也在发生变化，组织发展总体来看是有计划的、逐步进行的，组织革新已成常态。在组织革新的过程中，技术起了哪些作用？是否成为技术变革的引擎？是否与组织环境的其他因素共同作用促成了组织变革？在探讨这些内容的时候，本书引入非线性思维来探讨信息技术背景下科层制组织的未来发展，这不同于传统的线性思维。线性思维以牛顿力学为基础，追求直线式的因果关系；非线性思维以量子力学为基础，追求的是相关关系，通过事物的相关性来预测事物的发展。要想找到政府组织变革的直接影响因素是困难的，信息技术尽管提高了组织效率，改变了组织管理方式，但信息技术仍不能被看作影响组织变化的单一的直接因素。信息技术的发展与组织更新往往是不同步的，引入非线性思维能更为科学地探讨二者的发展。

信息技术在政府组织的采用和扩散是二者相互选择的过程。技术的发展有自身的规律和特征，从技术发展来看，信息技术由工业技术而来，并且进一步发展到今天的大数据、人工智能等新一代信息技术，技术的更新一定是在已有技术的基础上进行，技术发展到一定程度，会形成技术群或技术系统，所以技术的彼此依赖性会使其发展呈现出系统化、集群化、体系化。政府组织作为一个总体性的概念，虽以科层制为基础，有共同的制度基础，但是，政府组织由于面对不同的任务和业务而呈现出组织结构的分散性。这样，不同的政府部门所采用的技术就会有所差别。政府组织又经历了从电子政务到数字政府的实践形态，而信息技术发展的系统性如何与政府部门分散化的技术要求相适应，信息技术如何促使政府组织不同部门革新，这还需要从历史发展的视域来考察。

从政府组织发展的实际来看，信息技术曾被看成是帮助科层制组织走出低效的希望。因此，新技术的出现也会不断地被政府组织采用，比如电子政务、虚拟政府、数字政府，这些提法代表了政府应用信息技术的阶段性特征。但是从信息技术与科层制组织的相互作用的历史来看，二者的结合并不是自觉的。信息技术在政府组织的采纳和扩散除了受其自身发展特点影响之外，还受组织制度、组织规模、组织管理者、组织任务等多种因素的制约。政府组织对信息技术的采纳是有选择性的，选择性并不否认技术自身的发展规律，而是指对信息技术的采用要根据组织自身的具体状况进行选择和利用，甚至改造。信息技术与政府组织一旦结合，其技术优势就会体现出来，它会对组织结构、组织权威、组织效能产生极大的影响，进而会影响到组织思维方式，直至组织认为离开信息技术，其日常发展将受到很大影响，甚至无法启动。一旦信息技术嵌入或融合到组织发展中，组织革新将成为常态。从信息技术与科层制组织相互作用的历史来看，技术引发的组织变革将经历从量变到质变、从被动到主动的过程，组织最终将变成技术的引领者。合作制组织作为组织自觉变革的产物，它利用了信息技术的优势，以网络结构为基础，以合作为导向，将在社会治理中发挥优势。

目 录

第一章 信息技术与科层制组织的理论探源 …………………… 1
  第一节 问题的提出 …………………………………………… 1
  第二节 相关概念分析 ………………………………………… 6
  第三节 信息技术与科层制组织的文献追溯 ………………… 12

第二章 技术与组织的关系研究 ………………………………… 21
  第一节 技术与组织关系的解释框架 ………………………… 21
  第二节 非线性思维方式 ……………………………………… 28
  第三节 信息技术与科层制组织发展的关系 ………………… 38

第三章 信息技术对科层制组织的影响 ………………………… 48
  第一节 信息技术对科层制组织沟通的影响 ………………… 48
  第二节 信息技术对科层制组织结构的影响 ………………… 59
  第三节 信息技术对科层制组织权威的影响 ………………… 75

第四章 保守与创新意义上的信息技术 ………………………… 86
  第一节 科层制组织的技术追求 ……………………………… 86
  第二节 科层制组织对信息技术的应用 ……………………… 100
  第三节 技术进步的逻辑与组织变革的渐进路线 …………… 117

第五章 科层制组织变革的未来 ………………………………… 137
  第一节 科层制组织的适应领域 ……………………………… 137

第二节 科层制组织的式微 ·················· 142

第三节 信息社会的到来与合作制组织的出现 ·············· 156

参考文献 ································176

第一章 信息技术与科层制组织的理论探源

科层制组织在工业社会达到了其运转的最佳状态,以高效率成为受欢迎的组织模式,促进了工业社会的发展。与工业社会相适应的技术称为工业技术,随着技术内容的不断升级和更新,信息技术的提法更为准确地概括了工业技术的现代发展,政府组织采纳和应用的信息技术也随之升级。在技术发展的过程中,它与政府组织的互动过程、互动未来,引起了学者的关注。

第一节 问题的提出

韦伯对科层制作了最全面、最经典的论述,并且使其思想横跨政治学、历史学、社会学、经济学等诸多领域。科层制是一个国家中科层组织和行为体系的总和,同时,它也是支配社会各组织的一种实践形式。因此,科层制既具有制度的意义,也具有组织的意义。科层制既是一种制度,也是一种组织现象。尽管科层制组织是按照科层制建构的一种组织形式,但是,它作为组织理论的研究对象则晚于其他学科对其的研究。从组织的视角研究科层制是随着组织理论的兴起开始的,"(20世纪)50年代,官僚主义的概念逐渐被组织的概念所代替"[1],"组织研究作为社会科学一个重要的领域,是在两次世界大战期间,在吸收了不同学科科研成果的基础上产生的"[2]。这表明组织作为一种社会现象引起了人们的关注。

科层制的组织形式具有悠久的历史。据韦伯和其他学者的研究,中国古

---

[1] [法]克罗戴特·拉法耶.组织社会学[M].安延,译.北京:社会科学文献出版社,2000:24.
[2] [英]简·莱恩.新公共管理[M].赵成根,译.北京:中国青年出版社,2004:28.

代、古罗马帝国和古埃及就存在这种形式的组织。但是，按韦伯的界定，这种科层制组织是属于"前科层制"的。现代科层制在精确性、规范性以及制度化方面都远胜于古代科层制。现代科层制是工业社会的产物，它有着无可比拟的优越性。按照严格的科层制产生的组织——现代科层制组织以其技术优势而成为普遍受欢迎的组织形式，韦伯将之比喻为一台机器与货物生产的非机械方式之间的区别。

科层制组织从其产生之日起就深深地被注入了技术的因素。客观化的物质形态的技术保证了科层制组织的日常运转需要。"行政管理的精确细致需要有铁路、电报、电话，而且愈来愈和它们结合在一起。"[①]科层制组织的技术因素除了对物质形态的技术的利用外，社会技术对科层制组织的构建影响更为深刻。科层制组织是工业社会的产物，工业社会的技术因素深刻地影响了科层制组织的建构。工业社会通过技术使生产环节连为一体，产生了规模效益。分工、专业化和标准化是工业社会的主要内容，工业化程度越高，对分工和专业化的要求也越高，分工越细越能满足生产的高效率；专业化程度越高，对知识和人员的要求也越高；工业化要求统一的标准以满足社会发展的需要，标准化不同于个性化的定制，它强调的是统一的模式、规范化的动作。

工业社会里分工、专业化和标准化的内容都转变成了组织内部的技术要求。科层制组织在其产生、发展的历史中吸收了工业技术的有用成分，比如分工、专业化、程序化的管理思想，这些都是社会的大的技术系统在组织内部的反映。具体而言，科层制组织通过明确的规章制度来进行管理，人员的任用要依据工作性质以及人员本身的资格条件，即人员的专业、知识水平、经验等；人员的晋升有正常的晋升途径；职位终身制的存在使官员成为一种专职的行业，以区别于选任官员；对文书档案的强调使管理更具客观化。科层制组织内部每一套严格的管理程序都体现了技术合理性的要求。韦伯将科层制组织视为一台机器，各个零部件都能按照技术的要求高效工作，这样这台机器就具有了形式上的合理性。科层制组织是按照技术运行的逻辑来工作，依此逻辑来运行，组织必然重视对各种具体技术的应用。

---

① [德]马克斯·韦伯.经济与社会：上卷[M].林荣远，译.北京：商务印书馆，2006：249.

科层制组织通过对技术的追求产生了胜于其他组织的高效率。工业社会是人类历史上具有重要意义的阶段，它与农业社会有极大差别。首先，农业社会依靠的是手工业生产的方式，工业社会则代之以机械化的生产方式。其次，农业社会和工业社会的组织形态也不同，农业社会以家庭、作坊为生产单位，管理无法通过科学的规章制度来进行，生产具有封闭性、协作性差的缺点，因此效率极低。工业社会的生产主要是通过组织来进行的，家庭和小作坊逐渐丧失生产的主体地位，科层制组织通过科学的管理方式和技术化的运作方式成为社会的主要生产形式。科层制组织的高效率为其赢得了美名。奥斯本认为科层制具有超过其他组织的技术优势，不论人们对科层制组织有多少抱怨，行政管理依然是按照这种方式在运作。

科层结构型组织盛行于20世纪50年代至60年代，到了90年代，这种组织形式已过时。[①] 科层制组织在其运行过程中产生了运行僵化、效率不高的问题，因此受到很多学者的质疑。科层制组织的运行并不像韦伯所设计的那样完美，现实中存在诸多问题，比如运行的低效率、对官员人格的压抑等，引起各领域学者对科层制组织的批评。功能失调问题被认为是科层制最常见的问题，科层制因为对规则和法律的强调带来了高效率，但是对规则和法律的过分崇拜导致制定规则成为组织的终极性价值，致使组织正常的促进公共利益的功能变得不重要。克罗齐埃认为科层制极其僵化和保守，科层制的运作过程本质上是低效率的，它存在"恶性循环"的问题。一方面，科层制通过规则来限制人们的行为；另一方面，人们不满于规则制约开始反抗，结果是科层制组织为了消除反抗制定了更多的规章制度，从而引起人们新一轮的对规则的抵制。因此，"恶性循环"使科层制组织限于困境。[②] 科层制组织似乎已经到了不得不改变的时候了。科层制组织作为工业社会的产物，其注意力集中于制度规章的运行，造成了部门分割、多重指挥的局面，在今天已无法实现高效，尤其是在信息技术带来的社会变化如此之大的状况下，组织体

---

① [美]斯蒂芬·P罗宾斯，蒂莫西·A贾齐.组织行为学[M].孙健敏，李原，黄小勇，译.北京：中国人民大学出版社，2008：221.

② [法]米歇尔·克罗齐埃.科层现象[M].刘汉全，译.上海：上海人民出版社，2002：215.

制的僵化和滞后已成为阻碍其发展的重要原因。

  对科层制的批评虽络绎不绝，但是鲜有突破。对科层制冲击最大的是20世纪80年代兴起的新公共管理运动，直接提倡"摒弃官僚制"，即从组织形式上要求摒弃科层制，代之以效率、弹性和有回应性的政府。新公共管理对科层制组织进行了全方位的批判，认为集权的、等级化的结构导致低效率，并且难以应对日益复杂的环境，科层机构纵向和横向的设置都阻碍了组织的运行。纵向关系中，只有处于金字塔顶端的人才能获得信息并作出决策；横向方面，由于专业分工造成了部门之间"壁垒森严"。结果，组织上层的命令要经过重重关卡才能到达组织下层，当信息途经多层关卡时，还存在信息解读错误。这样，信息传递的过程不仅存在时间延误的情况，还存在信息解读错误的情况。新公共管理认为民主精神的引入和网络技术的进步可以改变这种状况，网络技术使科层制组织结构从金字塔式向网状化转变，层级控制的局面将会改变，信息的拥有使其成为新的决策者。新公共管理运动将信息技术的引入当作政府重建的一个重要内容，同时重视对组织内部管理技术的改进。新公共管理对科层制组织的批判和改造表明了对科层制的审视已经超越了其技术界限，科层制是被放在一个更广阔的社会视域中来看待的。

  21世纪的学者把信息技术的出现看作科层制组织发展的重要契机。现代信息技术是包括通信技术和网络技术等在内的综合性技术，通过这些技术来实现对信息的传递和处理。它既包括信息技术的硬件设施，也包括其运行的应用程序等软件。信息技术的发展预示着社会在各方面将会产生重大的变化，托夫勒将信息技术称为第三次浪潮。信息技术相比较工业技术而言显然具有更大的优势，那么仅从技术层面来看，信息技术给科层制组织究竟能带来多大的活力，可谓观点纷呈。纵观学术界观点，总结如下：肯定性的观点认为，信息技术促使组织规模缩小，中层管理者减少，组织结构扁平化，预示着组织形态的变化；争议性的观点认为，信息技术既给组织沟通、组织权威、组织形式带来积极影响，同时也带来消极影响；否定性的观点认为，信息技术不会冲击科层制组织形式。不论是肯定性的、否定性的还是争议性的观点，都表明了学者们是在试图找到技术与组织的直接对应关系，是从线性思维的角度出发的。

在对信息技术与科层制组织的文献进行研究之后，发现要找到信息技术与科层制组织之间的直接对应关系是不可能的，在技术与组织相互作用之间还存在一系列的中间因素，比如在技术引入之前和之后组织制度、组织文化等所起的作用。所以，对二者关系的探讨属于非线性思维方式。非线性思维方式一反线性思维方式追求直接的因果关系，它认为在原因和结果之间没有明确的对应关系，或者认为事物的多种原因和结果之间是互为因果的，所以追溯哪个是因、哪个是果是非常困难的，它关注的是事物之间的复杂性，任何事物的发生发展都是多因素的结果。在非线性思维中，要用事物之间的相关关系来代替事物之间的确定因果关系，相关关系可以帮助我们预测事物的未来发展。信息技术是一系列技术的组合，它本身就表明了技术之间的复杂性，而科层制组织在其发展中也会随着环境的变化而变化。所以，探讨两个本身充满复杂性的系统之间的相关关系就不能简单地套用因果论，而是要找到二者关系的相关性。

从科层制组织的发展实践来看，对信息技术与科层制组织关系的研究主要集中在电子政务方面，对电子政务与政府管理创新、电子政务与民主等的研究成为热潮。各国在电子政务的建设方面也提供了资金和政策支持，电子政务似乎解决了科层制组织的所有问题。通过对电子政务的分析和解读可知，电子政务只是信息技术与科层制组织关系发展过程中的一个阶段，对电子政务的实质进行探讨，有助于正确认识电子政务的作用及发展。

从信息技术与科层制组织关系的理论发展来看，信息技术是由工业技术发展而来，科层制组织作为工业社会的产物适应了当时的社会发展。但是，在信息技术的影响下，它表现出了明显的不适应。依照科层制组织的技术依赖路线，它必然会把信息技术作为解决问题的希望。信息技术作为一种新型的技术类型，它如何被政府组织引入和使用，它的到来是否会引起科层制组织的变革，对这些问题的思考成为本研究开展的基础。本书将信息技术与科层制组织放在社会历史发展的长廊中来探讨，从更开阔的视野观察技术与组织的长期互动关系，以便超越具体的微观视角的局限，更好地把握信息技术与科层制组织关系发展的脉络及实质。

第二节 相关概念分析

概念是反映事物特有属性的工具，从不同的角度来看事物属性会有所差别，可能重要属性变成了不重要的，也可能不重要的属性变成了重要的。因此，哪些属性是重要的，取决于分析视角。本书对信息技术与科层制组织的概念界定是基于特定的研究视角的。本书探讨的信息技术是将其作为一种客观的技术来看的，科层制组织是以政府为典型形态的。

一、信息技术

技术指什么，正如美国的奥格伯恩所说，技术就像一座山峰，从不同的侧面观察，它的形象是不同的。从不同的角度来看，技术所展示的内容也各有不同。

按照《辞海》的定义，技术有两层意思：第一，它泛指根据生产实践经验和自然科学原理而发展成的各种工艺操作方法和技能，如电工技术、木工技术、育种技术等。第二，除操作技能外，广义的技术还包括相应的生产工具和其他物资设备，以及生产的工艺过程或作业程序、方法。[1]于光远主编的《自然辩证法百科全书》把技术定义为：人们为了满足社会需要而依靠自然规律和自然界的物质、能量和信息来创造、控制、应用和改进人工自然系统的手段和方法，持技术手段论观点。[2]美国大学字典对技术的定义也包含两层含义：一是对实用工艺的研究或（通过与生物学和人类学相类比）对工业工艺科学的研究。二是指实用工业和产品本身。当技术一词加以定冠词或采用复数形式时，它既包括产品本身也包括工艺方法。[3]阿尔特纳蒂伏利和斯托恩认为："技术应当包括使人类的能力得以扩展的一切工具或技能，各种产品及其加工过程，

---

[1] 夏征农. 辞海 [M]. 上海：上海辞书出版社，1999：1655.
[2] 于光远. 自然辩证法百科全书 [M]. 北京：中国大百科全书出版社，1995：96.
[3] [美] 弗雷德里克·费雷. 技术哲学 [M]. 陈凡，朱春艳，译. 沈阳：辽宁人民出版社，2015：16.

各种物质设备或加工制作方法。"① 以上对技术的定义主要是将技术当作一种工艺和器具来使用的。对技术的定义,有学者将它和应用科学相等同。比如美国的布雷诺认为:"有一种和科学完全不同的事业,那就是科学的应用——技术。"② 这种定义认为技术仅仅是科学在实践中的应用,将其视为一种纯粹的应用活动。由于对技术的定义多种多样,那么,对信息技术的定义也变得多样。

信息技术是什么,对此问题的回答俯拾皆是,也充满分歧,几乎每一个对信息技术进行思考的人都可以对之进行探讨和回答。

"信息技术是指完成信息收集、存储、加工、发布、传送和利用等技术的总和。"③ "信息技术是用于信息操作的各种方法和技能,以及工艺过程或作业程序的相关工具及物质设备。"④ "信息技术是指各种以计算机为基础的工具,人们用它来加工信息,并支持组织对信息的需求和信息处理的任务。所有的技术不是硬件(组成计算机的物理设备)就是软件(硬件执行的一系列指令)。"⑤ 由此可见,对信息技术的探讨是多方面的,有的侧重其技术设计和技术应用方面,有的则将其作为一种综合性的技术来看,既包括硬件,也包括软件。从信息技术的技术组成来看,信息技术是多种技术的综合,不是单指某种技术或某类技术。通过对信息技术的描述,本书认为信息技术是利用计算机和网络技术以及通信技术来传递和处理信息的技术,它既包括支持信息技术的基础设施,也包括其运行所依赖的软件。

信息技术是经由工业技术发展而来的,但是它又区别于工业技术。工业技术实现了自动化,而信息技术实现了自动化和信息化。自动化意味着工作任务和流程的简化,工人不需要具备很高的技能就能完成任务。信息化"就是将过程、对象、行为和事件转化为可视的显示信息"⑥。信息化社会的信息都是以

---

① 邹珊刚. 技术与技术哲学 [M]. 北京:知识出版社,1987:224.
② 邹珊刚. 技术与技术哲学 [M]. 北京:知识出版社,1987:235.
③ 曲维枝. 信息产业与我国经济社会发展 [M]. 北京:人民出版社,2002:18.
④ 张正德. 美国信息技术的发展及其经济影响 [M]. 武汉:武汉大学出版社,1995:7.
⑤ [美] 斯蒂芬·哈格,梅芙·卡明斯. 哈格管理信息系统 [M]. 严建援,等译. 北京:中国人民大学出版社,2004:120.
⑥ [美] 小詹姆斯·I 卡什,罗伯特·G 埃克尔斯. 创建信息时代的组织 [M]. 刘晋,等译. 大连:东北财经大学出版社,2000:273.

电子文本的形式呈现出来的。在这种情况下，工作变得更为抽象，这不仅需要对信息进行理解，更重要的是在分析之后能从中发现价值。所以，信息技术不仅是对老的知识模式的打破，它需要的是一种更加抽象、理性、概念化的知识模式。信息技术的信息化特征是它与工业技术的根本性区别。芳汀认为信息技术是区别于工业技术的，工业技术需要的是知识含量低的重复性体力劳动，信息技术需要的是人类的脑力劳动，即人的思考和运算。[①] 韦斯特在《数字政府：技术与公共领域绩效》一书中对信息技术引发的社会效应进行了探讨，他认为信息技术的发展会促使网络社会产生。信息技术有两个特征：一是信息技术的发展是过程导向的，其不仅是信息处理与沟通的技术，并且它将知识和信息应用于知识生产与信息处理及沟通的设施上，这将使其在运用中形成一种累积性反馈回路，亦即可以在其使用与发展中形成反馈，由此促使新的技术和使用方法的产生。这样，人类的心智就成为直接的生产力。这不同于工业技术，工业技术虽然也高度依赖知识和信息，但是其缺乏这种有创造性的反馈回路。二是信息技术的扩展呈指数式。信息技术的扩展速度远远超过工业技术。工业技术的扩散是有选择性的，并且速度较慢，用了几个世纪的时间才扩散到世界的每个角落；而信息技术则以闪电般的速度扩散，在很短的时间内就能席卷全球。所以，信息技术所带来的影响是产生一个全新的网络社会，原有的政治、经济、文化及组织形式都需要重组。由此可见，信息技术与工业技术的差别是很大的，信息技术是人类智力发展的高级阶段，它展示的是人的智能，工业技术更多的是对技能熟练性的要求。

对技术的分类有很多种，代表性的是机械技术和社会技术。本书将信息技术作为一种客观的机械技术来研究，以此来探讨它与组织的关系。第一，信息技术作为一种纯粹的机械技术，它与社会技术有着显著的区别。机械技术的含义与卡斯特所指的工艺技术是相近的，而社会技术复杂得多。"正如装配线或计算机控制的工具是机械技术一样，大型公司、专业协会、医院或会计师事务所则代表一种社会技术。"[②] "就组织的工艺技术而言，我们指的是

---

① [美] 简·芳汀. 构建虚拟政府 [M]. 邵国松，译. 北京：中国人民大学出版社，2010：8.
② [美] 弗莱蒙特·E 卡斯特，詹姆斯·E 罗森茨韦克. 组织与管理：系统方法与权变方法 [M]. 傅严，等译. 北京：中国社会科学出版社，2000：276.

将投入转换成产出的过程中所使用的技术。例如，在完成这个转换任务的过程中，工业企业同时要使用机器和其他特殊化了的技术。会计员在执行任务时，可能运用计算机，但是，他也还要使用以会计程序知识为基础的技术。"① 虽然卡斯特对工艺技术和社会技术的区别的论述不是很清楚（他在论述组织的工艺技术时，将其等同于社会技术了），但是我们仍然可以将机械技术和社会技术区别开来。两种技术包含的知识含量是不同的，机械技术局限在技术工具的层面上，不包括知识层面，而社会技术则包含了将技术转换成产出过程中所运用的知识。第二，信息技术的存在是客观的。尽管信息技术的发展离不开社会的应用，倘若没有人去研究，没有相关的制度和经济去支撑，信息技术不可能产生。但是，信息技术仍然是在技术的前期基础上发展起来的，它有自身的逻辑，其发展不是一蹴而就的。"信息技术是一个范围广泛的综合性概念，它包含着信息时代诸多技术发展的最新成果。"② 随着信息技术的发展，5G、人工智能、大数据、区块链等都成为信息技术的内容。

二、科层制组织

"古典公共行政最重要的理论贡献就是韦伯的科层制组织理论"③，对科层制论述最全面和最详尽的无疑是韦伯。从组织的角度来分析，科层制组织侧重的是其层级结构，具体来说，就是按照权力链条形成的层级体系依靠制度来从事的组织管理和对专业技术的任职资格的强调。韦伯之后的很多学者都对其进行了归纳总结，但是并没有偏离韦伯多远，韦伯之后的论述更多的是对科层制组织特征和类型的探讨。

雷恩对科层制组织的总结非常全面，他认为，科层制组织的结构特征包

---

① [美]弗莱蒙特·E 卡斯特，詹姆斯·E 罗森茨韦克. 组织与管理：系统方法与权变方法 [M]. 傅严，等译. 北京：中国社会科学出版社，2000：252.

② 胡显根. 浅论政府治理工具创新的制度——技术逻辑 [J]. 安徽行政学院学报，2021（1）：39-44.

③ Owen E Huges. Public Management and Administration: An Introduction[M]. Beijing: China Renmin university, 2005:21.

括七点:"(1)实现劳动分工,明确规定每一个成员的权力和责任,并使之合法化。(2)各种公职或职位按权力等级组织起来,形成一个指挥链或等级原则。(3)根据通过正式考试或者培训和教育而获得的技术资格来挑选组织中所有的成员。(4)所有担任公职的人都是任命的,而不是选出来的。(5)行政管理人员领取固定的'薪金',他们是'专职的'公职人员。(6)行政管理人员不是他所辖的那个企业的所有者。(7)行政管理人员要遵守有关他的官方职责的严格规则、纪律和制约。"[1] 毕瑟姆则从不同的视角对科层制作了论述,从组织的角度来看,科层制一词源于韦伯,"科层制不是指一种政府类型,而是指一种训练有素的专业人员依照既定规则持续运转的行政管理体制"[2]。张康之则进一步探讨了科层制的组织特性:"根据韦伯的看法,科层制首先是作为一种组织形式而存在的,是组织存在的体制和制度。"[3] 科层制组织的核心应该是其制度和体制。

科层制组织是存在于政府和企业的普遍组织形式,那么,这二者又有何区别呢?唐斯认为科层组织必须具备四个特征[4]:首先,必须是大型组织。大型组织的判断标准是组织中高层人员对组织情况的掌握,如果高层人员掌握的信息少于其他人员,那么这样的组织就是大型组织。"如果一个组织的最高领导层不能够认识1/2的员工,那么可以说该组织是个大型组织。"[5] 其次,组织的绝大多数成员都是全职人员,并且他们的收入主要依赖组织。组织与其成员之间是正式的雇佣关系,组织成员的收入是组织明确规定的。再次,组织成员的任用和考评都是依据组织职责进行,而不是依据个人特征或者组织之外的情况来定。最后,组织的产出不能通过市场机制来评估。唐斯举例说通用汽车公司虽然有科层制的组织结构,但是其产出是由外部市场来评估的,所以这样的组

---

[1] [美]丹尼尔·雷恩.管理思想的演变[M].赵睿,等译.北京:中国社会科学出版社,2000:256.

[2] [英]戴维·毕瑟姆.官僚制[M].韩志明,译.长春:吉林人民出版社,2005:3.

[3] 张康之.寻找公共行政的伦理视角[M].北京:中国人民大学出版社,2012:63.

[4] 安东尼·唐斯.官僚制内幕[M].郭小聪,等译.北京:中国人民大学出版社,2006:28.

[5] [美]杰伊·沙夫里兹,E W·拉塞尔,克里斯托弗·P伯里克.公共行政导论[M].刘俊生,等译.北京:中国人民大学出版社,2011:194.

织不是科层组织。对于这一点，经济学家米塞斯也进行了探讨，他同样认为政府的产出无法拿到市场上出售。当然，无法以货币来衡量并不意味着政府工作没有价值，"而是说在市场上它是没有价值的。因为它的价值不能通过市场交换而直接反映在货币上"①。科层制组织的特征经过唐斯的归纳后，其区别于市场科层制的一面更为明显。科层制组织产生之后，很多企业、市场组织都采用科层制的组织模式，唐斯的界定则使二者的区别更为清晰。

毕瑟姆将不同学术背景的科层制作了比较，作为政治经济学的科层制与作为组织社会学的科层制明显不同。政治经济学对两种不同类型的层级制，即对处于市场环境中的组织层级制（企业）与不处于市场环境中的层级制（科层制）作了进一步的对比。与组织社会学相比，政治经济学的科层制是狭义的，只有在市场环境之外运作的层级制类型才是"科层制"的。根据政治经济学的观点，科层制是一种通过法定拨款，而非在市场上出售产品而获得资金的行政管理体制。这样一种拨款或是通过自愿捐款，或是通过强制征税获得，而通过强制征税所得的就是政府科层制。企业层级制是以交换关系即市场关系为核心来满足供需双方利益的一种机制。

对于企业科层制和市场科层制的区别，沙夫里兹总认为："总之，科层制是组织的特殊形式，而公共部门是一种特殊的科层制组织。因此，如果组织中的人员按等级排列，而且需要遵守很多规则纪律，那么这个组织就是科层制组织。"② 瑞尼认为尽管市场有一系列的优势，市场有足够的灵活性、可以促进资源的有效利用、满足了消费者的需要，但是市场仍不能代替政府，政府提供的服务在经济市场上是买不到的，政府提供的服务具有普遍的社会效益，反映了公共利益。③ 奥斯本也探讨了政府和企业的区别，他对二者区别的总结可以说是相对全面的："企业领导者的行为动机是获取利润，政府

---

① [美]杰伊·沙夫里兹，E W 拉塞尔，克里斯托弗·P 伯里克. 公共行政导论[M]. 刘俊生，等译. 北京：中国人民大学出版社，2011：194.
② [美]杰伊·沙夫里兹，E W 拉塞尔，克里斯托弗·P 伯里克. 公共行政导论[M]. 刘俊生，等译. 北京：中国人民大学出版社，201：194.
③ [美]海尔·G 瑞尼. 理解和管理公共组织[M]. 王孙禹，达飞，译. 北京：清华大学出版社，2002：68.

领导者的行为动机是再次被选上连任。企业的大部分收入来自其顾客，而政府的大部分收入则来自其缴税人。企业的动力通常来自竞争，政府则来自种种垄断。"①

由此看来，等级制、规则管理、公共部门产品难以衡量，是政府科层制组织的重要特征，这使得它与采用科层管理的经济组织相区别。本书以政府科层制为研究对象，从组织理论的视角对信息技术与科层制组织的关系展开探讨。对科层制组织的界定在遵循韦伯提出的科层制的原意的基础上，认为科层制组织是普遍存在于公共部门的一种重要的管理形式，组织制度、组织结构、组织沟通、组织权威是其核心内容，其特征则表现为层级控制体系、规则管理、垄断性。

第三节 信息技术与科层制组织的文献追溯

对于信息技术与科层制组织的关系的认定，主要有两种观点：一是囿于线性思维方式，认为信息技术在组织中的应用会引起科层制组织的根本变革，二者之间存在直接的因果关系。二是认为信息技术要对科层制组织发生作用必须通过中介因素，如果没有制度、价值观念、文化等的支撑，信息技术不会给科层制组织带来任何变化。所以，关于二者关系的探讨都是围绕着上述两种观点展开，但具体探讨的内容则又有所区别。

一、认为信息技术在科层制组织中的应用将会产生新的治理模式

国外学者戈德史密斯和艾格斯认为信息技术的到来将改变公共部门原有的治理形式，产生新的治理形式——网络化治理。网络化治理象征着对公共部门发展产生重大影响的四种发展趋势的综合：（1）第三方政府：私人公司和非营利公司在政府提供公共服务、实现政策方面已发挥了几十年的作用。

---

① [美] 戴维·奥斯本，特德·盖布勒. 改革政府：企业家精神如何改革着公共部门 [M]. 周敦仁，等译. 上海：上海译文出版社，1996：7.

(2)协同政府：将政府若干机构联合起来，甚至将多级政府联合起来实行整体化的管理和服务。(3)数字化革命：信息技术使政府实现了与外部伙伴合作的目标，这在信息技术产生之前几乎是不可能的。(4)消费者需求：公民能够对自己的生活作主，在政府提供的服务中有拥有多样化的权利，要求政府提供多样化与个性化的服务。而这些通过个性化的信息技术恰好能够满足。[①]芳汀则认为信息技术的应用可以产生虚拟政府，"在网络上或数据库里进行的信息整合，可能并不代表（在大多数情况下不代表）实质性的整合或者服务的整合。因此，政府机构可以实现虚拟的整合，即创建虚拟的机构，而常常无须改变自身的结构、管辖范围或者预算的独立。因特网和万维网绝不是影响官僚体制改革的唯一信息技术，但它们已经能够带来转折性的变化"[②]。

国内学者对信息技术与科层制组织的关系探讨主要有五种观点：第一种观点认为，信息技术在政府中的应用可以产生虚拟政府或者电子化政府，田华文、管平中的观点具有代表性。田华文对虚拟政府的组织结构进行了探讨，并认为虚拟政府是电子化的政府，网络与计算机是虚拟政府技术方面的本质，虚拟政府的本质还在于组织结构的创新和管理理念的变革。[③]管平中认为科技与社会环境的发展使科层制组织弊端显露，新的社会环境催生了网络组织。网络组织为科层制组织提供了解决外部危机的灵活模式，科层制则为网络组织提供了制度依托，二者呈现相互融合的趋势。[④]第二种观点认为，信息技术虽可以催生电子政务，但电子政务并没有取代实体的政府组织，这种观点以刘祖云为代表。他认为虚拟政府以电子政府为技术支持，电子政府是在科层制组织基础上综合了许多组织方式和路径，但并没有完全取代科层制的实体

---

① [美]斯蒂芬·戈德史密斯，威廉·D 艾格斯. 网络化治理——公共部门的新形态[M]. 孙迎春，译. 北京：北京大学出版社，2008：9.
② [美]简·芳汀. 构建虚拟政府[M]. 邵国松，译. 北京：中国人民大学出版社，2010：24.
③ 田华文. 虚拟政府——一种和谐的"政府"形式[J]. 哈尔滨学院学报，2010（8）：23-26.
④ 管平中. 从官僚制到网络组织：融合而非替代[J]. 福建论坛，2011（12）：49-50.

形式。①第三种观点认为，信息技术的应用会产生合作制组织②，这种观点以张康之为代表。他认为，合作制组织以网络结构为基础，强调组织成员以及组织与社会的合作。第四种观点认为，信息技术会催生后科层的政治组织。以宾伯为代表，他以政治事务为例论述了四次信息技术发展与组织结构的变化。第一次信息革命发生于19世纪20年代到30年代，技术的发展使第一次政治信息的大规模流动成为可能。这一时期，集中的、简单的政治组织（政党）体系对政策制定和集体行动产生了决定性的影响。第二次信息革命发生于19世纪80年代到20世纪初，技术的发展使得全国性的政治信息复杂起来而且成本高昂。这一时期，分散的、专业化的和科层性的组织成为集体行动的基础。第三次信息革命发生于20世纪50年代到70年代，技术的发展使支配全国性的大众注意力成为可能，这一时期，高度机制化的组织形式处于主导地位。第四次信息革命发生于20世纪90年代至今，技术的发展使信息丰富于以往的任何时期，也变得非常复杂。这一时期，后科层的政治组织成为政策制定和集体行动的基础。后科层的组织形式是什么？宾伯将其与科层制组织进行了对比。后科层制中，集体行动的结构与之前正式的政治组织联系不紧密，组织形式比较灵活，组织的边界也变得模糊。③第五种观点认为，信息技术的应用会产生数字政府。这种观点更为普遍。通过以上论述，发现人们对信息技术下政府组织的发展趋势非常关心，虽然对组织未来的发展作了不同的预测，但是有一点是肯定的，不论是网络化治理，还是电子政府或是合作制组织都是以网络结构为基础的。

二、从信息技术的应用阶段划分来探讨它对政府的影响

国外学者韦斯特在《网络社会》中依据信息技术在政府中的应用将电子政

---

① 刘祖云.超越"虚拟的美丽"：技术与制度互构的理论阐释[J].社会科学研究，2010（4）：141-148.
② 张康之.探寻新的组织形态的行政学研究[J].中共福建省委党校学校，2009（1）：4-11.
③ [美]布鲁斯·宾伯.信息与美国民主：技术在政治权力演化中的作用[M].刘钢，等译.北京：科学出版社，2011：21.

府的发展划分为四个阶段：（1）公告板阶段；（2）部分传递服务；（3）带有完全可操作性和整体性服务传递的门户网站阶段；（4）有公众普及和强化问责特征的互动式民主。在第一阶段，政府把相关信息公布在政府网站上，这时，政府网站只是供公民浏览信息的工具。第二阶段，政府在网站中加入了信息搜索功能和部分服务传递。在这一阶段，公民可以获得、拣选和搜索信息数据库。第三阶段是"一站式"政府门户网站的建立，这时，网站不再是静态的和呈现式的，而是动态的和互动的。第四阶段是带有公共扩大服务和问责评估项目的互动式民主的产生，政府网站实现了体制层面的政治改革目标。

我国学者唐任伍认为政府信息化的发展可分为三个阶段，第一阶段，办公自动化阶段（从20世纪70年代中期到80年代中期）。这一阶段，政府将信息技术和通信技术引入办公室，实现了对办公室文件的自动化传送和储存，发达国家政府在20世纪70年代普遍开始使用计算机处理业务。这一阶段政府信息化的主要表现就是实现了政府内部办公自动化。第二阶段，从办公自动化走向建立公共管理信息系统阶段（从20世纪80年代中期到90年代中期）。这一阶段，为适应公共管理者决策和有效履行其他管理职能，针对决策所需信息进行选择、存储、处理和查询，政府具有了数据处理能力。第三阶段，从公共管理信息系统到电子政务（从20世纪90年代中期到现在）。20世纪末，西方国家开始了对电子政务的全面建设，美国、新西兰等国的建设最具代表性，并提出电子政务建设的方向是公共服务，力争在公共服务方面取得更大的突破。到今天为止，政府内部的管理信息系统和各种决策支持系统已经基本完成。①

王山探讨了新中国七十年发展历程中信息技术对政府管理创新的影响。在信息技术的驱动下，政府管理经历媒体化、数据化和智慧化三个阶段，相应地，政府从"媒体化政府""数字化政府"向"智慧化政府"发展。媒体化阶段，信息技术主要指报纸和广播，二者被看作政府管理的方式和与人民联系的桥梁。数据化阶段，随着我国办公自动化的发展和中央政府门户网站的建立，互联网技术由1.0发展到2.0，数据成为政府管理的重要资源支撑。到

---

① 唐任伍. 中国政务信息化研究 [M]. 贵阳：贵州人民出版社，2010：17.

智慧化发展阶段,随着智能技术的运用和进一步发展,数字政府向智慧政府发展。①

张建锋认为我国的数字政府发展历程可分为三个阶段:信息化 1.0、数据化 2.0 和智能化。信息化时代,早期是发挥计算机的功能,随着网络的普及,逐步实现了政务云化和线上化。数据化时代,目前的政府正经历由信息化到数据化的阶段,该阶段的特点是数据资源化。智能化时代,数据以及智能技术将渗透到政府的决策、治理模式中。目前,数字政府建设正在经历以数据化和数据创新为标志的"数字政府 2.0"时代。②

信息技术的应用产生数字政府。从国外学者和国内学者的划分来看,信息技术的影响是全球性的,它对政府影响的发展阶段大体是各个国家都要经历的,所不同的是各国由于对信息技术引入时间的早晚而表现出政府信息化发展的速度和程度的差异。

三、科层制组织引入信息技术的影响因素研究

20 世纪 90 年代中期,信息技术与政府组织的互动使人们开始进一步研究二者关系的互动机制问题。研究发现,信息技术在企业中的引入于 1960 年开始,而在政府中的正式引入却晚了近 30 年。于是,关于信息技术与科层制组织二者结合的成因及互动的过程分析就成了一个新的课题。信息技术以其巨大的魅力显示了其优于以往任何技术。但是,信息技术在政府组织中的引入并非像在企业中一样受利润的驱使,它在政府中的引用更多地受制度、文化等因素的制约。20 世纪末,美国学者率先探讨了政府部门引入和使用信息技术的影响因素。国外研究将二者的关系置于宏观的社会背景中,因此其研究更侧重于信息技术与组织制度、民主政治关系等宏观视野。

国外学者芳汀在考察信息技术对美国政府的影响时,将技术看作一个变量,认为技术在作用于组织的过程中,制度起了关键性的作用。他认为信息

---

① 王山. 新中国 70 年信息技术变革与政府管理创新的回顾与展望 [J]. 西南民族大学学报,2019(8):8-15.
② 张建锋. 数字政府 2.0——数据智能助力治理现代化 [M]. 北京:中信出版社,2020:41.

技术在政府组织中的应用并不仅仅是由信息技术的客观性来决定，组织的制度也影响了信息技术的引入和扩散。芳汀既认可信息技术的客观性和物质性，信息技术的载体是因特网、数字传播技术、硬件及软件；同时也认为对信息技术的探讨离不开其社会环境，因此，社会属性也同样重要。在论述信息技术引起的组织的变化时，很多学者站在技术决定论的角度，停留在简单的直线思维上，认为信息技术会带来组织结构、组织权威、组织文化、组织效率等方面的变化。芳汀则建构了一个新的分析框架，认为组织安排和制度安排干预了信息技术的执行。芳汀最后的结论是："信息技术和组织安排/制度安排相互关联，相得益彰；它们之间既是自变量也是因变量，彼此之间互存因果关系。"①

摩根认为，信息技术的发展受到组织思维方式、组织文化的影响。新技术的实施必须有新的思维方式配套，具体表现在两个层面：一是组织的管理人员，另一个是组织的普通员工。这两个层面的人员的思维方式都要求变化。组织管理人员要意识到信息技术对组织变革的实质意义，它会引起组织模式的变革；普通员工的积极性也需要调动起来，参与到信息技术的使用中。信息技术同时要求新型组织文化的配套，要求利用计算机和互联网进行沟通和处理问题，这就要求组织员工具备相应的知识。当员工利用计算机处理问题形成一种新的文化时，组织对信息技术的接纳就会由被动变为主动。②

韦斯特列举了技术变迁的制约因素，它认为技术变迁受到服务过程中供需双方的要求、管理对信息技术的态度、信息技术的经费支持、利益集团的支持或反对、媒体报道的态度和党派分裂这些因素的制约。服务传递系统是指组织中存在的两套体制：一套是借助互联网实现的在线服务，另一套是传统的面对面的政府服务。两套体制的存在给技术整合带来困难，并且妨碍组织的高效运行。科层政治的分裂意味着组织中对技术的整合需要官员采用一种新的思维方式，要以合作的思维方式取代以部门为基础的思维方式。预算资源也要考虑信息技术的成本问题，信息技术需要相应的基础设施，并且随

---

① [美]简·芳汀. 构建虚拟政府[M]. 邵国松，译. 北京：中国人民大学出版社，2010：9.
② [加]加里斯·摩根. 驾驭变革的浪潮[M]. 孙晓丽，译. 北京：中国人民大学出版社，2002：85-98.

着信息技术的不断更新，对技术引进的投资是一个长期的过程。集团冲突是指政府网站的开发通常需要借助政府之外的机构的力量来实现。政府网站的开发存在三种模式（机构内部发展、外部采购以及公共/私营合作关系），这三种模式对外部集团的依赖程度以及引起的集团冲突的程度是不同的，但是，集团竞争的结果恰恰加快了公共部门采纳信息技术的速度。另外，不同的党派对信息技术持不同的态度，党派的态度通过媒体的报道直接影响到公众，因而党派分裂、媒体报道可以加快信息技术的传播，同样也可以起到阻碍作用。[1]

四、信息技术与政府组织的互动机制研究

我国对信息技术与政府组织的互动机制研究主要是结合政府组织的具体运行实际来进行的，通过实地调查对二者相互作用的微观机制和过程进行研究。黄晓春通过对上海市某街道一门式服务中心的研究发现，"信息技术进入组织并影响组织运作是一个多阶段复合的过程。并将该过程划分为三个阶段：'技术定型期''技术扎根期'和'技术成熟期'"[2]。第一阶段表现为服务中心对信息技术的选择；第二阶段表现为依据信息技术的逻辑，实现对服务中心的结构和功能的虚拟；第三阶段表现为技术的制度化发展过程，并成为组织制度的一部分。

杨建荣以上海市A街道一门式社区服务中心为例，研究了信息技术与组织结构之间的互动关系，认为信息技术与组织结构存在一种互渗的逻辑关系。在信息技术植入组织的过程中，由于信息技术的层次性和类别性，组织对其的接收和应用不是一次性完成，而是存在一个过程。组织会根据已有的结构对其选择性地接收，选择对组织运作最合适的技术。所以，在技术被组织引入之前和之后，"技术设计方和技术使用方都不可能一次性地获得各自的要求

---

[1] [美]达雷尔·韦斯特.数字政府——技术与公共领域绩效[M].郑钟扬，译.北京：科学出版社，2011：35-52.

[2] 黄晓春.碰撞与融合：信息技术嵌入政府部门运作的机制研究[D].上海：上海大学，2008：67-110.

或对方的理解，需要在深入的互动中逐步了解"。①

吴建南、孔晓勇对中国某市级政府作了实证研究后，认为信息技术的引入主要是改变了组织内的业务流程，通过对业务流程的重塑而使政府绩效得到提升。信息技术改变了传统的业务流程，打破了地域对人们的限制，公众可以在线办理所需事项；组织在信息技术的帮助下，提高了透明度，而且组织任务可以及时得到分解，从而完成得更为高效。他们的结论是：信息技术通过分工协调、目标任务、反馈控制三个内部流程来影响政府绩效。信息技术直接作用的对象是组织的内部流程。②

朱仁显、樊山峰认为信息技术对政府治理模式的变革是通过"渗透—传导—扩散"的机制完成的。具体而言，在政府治理理念层面，信息技术通过渗透的方式促使政府观念变革、思维方式变革；在治理结构层面，信息技术通过传导的方式可以促进政府组织精简机构、治理多元化；在治理过程层面，信息技术通过扩散可以推动政府的认知、行动的改变和管理方式的创新。③

王张华、颜佳华认为人工智能驱动政府治理变革遵循着"数据驱动""算法主导"和"智能融合"三重技术逻辑。在"数据驱动"逻辑看来，技术的核心要素会渗透到政府治理过程，政府决策会采用数字分析、虚拟仿真等技术。在"算法主导"逻辑看来，算法主导依靠的是大数据以及深度学习，由此形成了算法权力，从而使管理者的专属权力受到挑战。在"智能融合"逻辑看来，随着人工智能技术的不断深入，技术与政府组织将进入互嵌的阶段，从而达到相互融合。④

综观国内外已往研究，很多学者都作了卓有成效的研究，但既有研究存在几个方面的不足：第一，对信息技术引发的政府组织变化的单向研究较多，

---

① 杨建荣.信息技术植入与组织结构重组——以"A"街道一门式电子政务中心为个案的分析[D].上海：上海大学，2008：104.
② 吴建南，孔晓勇.信息技术、内部流程与组织绩效——面向中国某市级政府部门的实证研究[J].中山大学学报，2008（3）：142-150.
③ 朱仁显，樊山峰.信息与通信技术变革政府治理模式机制分析[J].理论探讨，2019（1）：31-37.
④ 王张华，颜佳华.人工智能驱动政府治理变革：技术逻辑、价值准则和目标指向[J].天津行政学院学报，2020（6）：3-11.

而对政府组织对信息技术影响的反向研究少，仅有的少量研究主要是梳理政府对信息技术的政策、资金等支持以及成立的数字化的组织机构。第二，对信息技术与政府组织互构的机制研究比较零散，缺乏系统性。现有研究主要以具体的微观部门为例来分析，对互构机制的模式总结和互构机制多种因素相互作用的系统研究不足。第三，缺乏从技术发展史与科层制组织发展史的互构来探讨二者的关系。大多数学者都是选取二者发展的一个截面来进行研究，鲜有以历史发展视角进行考察。第四，思维方式单一。已有资料都是在技术与组织的线性框架下进行，基本在挖掘二者的直接对应关系。而技术只是组织发展的一个维度，它对政府的影响是间接的，因此，找到技术与组织的直接对应关系是不现实的。

本书试图突破已有研究框架和已有的思维方式，引入非线性的思维方式，运用组织理论、制度理论等多种理论来对已有资料进行爬梳，对信息技术与科层制组织关系进行详细的、深入的探讨。

第二章 技术与组织的关系研究

在技术与组织发展的历史过程中,二者之间的关系是多学科关注的重要话题。社会学家对该话题的研究主要是从社会变迁的视角来进行,更多地关注社会因素对技术的开放与包容。管理学研究的视角既有以个案进行的实证分析,以此来提高组织管理效能,也有从管理发展的历史进行的脉络梳理。该话题也受到哲学家的关注,比如从宏观历史视角来关注技术的总体发展,而不是细分技术的具体内容。尽管不同学科观察视角不同,但是从现有文献来看,技术与组织关系主要局限在技术与企业组织之间,对于信息技术与科层制组织的关系探讨则非常少。本章通过对信息技术与科层制组织关系的梳理,来揭示二者关系的非线性发展实质。

第一节 技术与组织关系的解释框架

随着信息技术的蓬勃发展及其在各领域的应用,组织理论研究者也开始关注与信息技术相关的一个重要研究主题:信息技术是否影响到科层制组织的发展,是否会带来组织形态的变化。对此主题的研究离不开早期的技术与组织关系的探讨,早期的观点包括三种,即技术决定论、技术的社会建构论和互构论。

一、技术决定论

技术决定论者认为技术是自主的,而这种自主性源于其客观性。技术的客观性包括两个方面:一是技术的构成是客观的;二是技术的进步是逐步的,主要体现在技术按照自己的内在逻辑来发展,有前后相生关系。有学者认为技术是具有自主性的,其中埃吕尔的观点具有代表性。他认为,技术发展由其内在的原因决定,外在的干预只能引起技术发展道路的歪曲并最终带来灾难。技术的发展以其自身为目的,而不是实现其他目的的手段。技术的自主表现为它"最终依赖于自己,它指定自己的路径,它是首要的而不是第二位的因素,它必须被当作'有机体',倾向于封闭和自我决定:它本身就是目的"[1]。在技术发展的过程中,其他因素只是影响技术的发展,并不能决定技术的发展,技术的发展首要的是遵循自身的内在逻辑。

技术决定论在技术与组织的关系上,认为技术所起的作用是第一位的,技术决定组织结构的变迁。虽然早期的工业社会学的学者就研究过工作技术与组织结构的关系,但是对此研究有着重大影响的是伍德沃德。他在其代表作《管理和工艺技术》中对技术与组织的关系作了经典论述。伍德沃德通过对南爱舍克斯地区的制造业工厂进行调查,研究了技术与组织的关系。他根据技术的复杂程度将技术分为三个种类:小批量生产(如顾客定制产品)、大批量生产(如装配线式生产)、连续性制造(如化工或炼油厂)。最后他发现:不同的技术对应不同的组织结构,技术对组织结构的要求是不同的。小批量生产的技术要求组织结构具有一定的灵活性,即用于小批量生产的技术可以有比较灵活的组织结构;大批量的技术需要科层化的组织结构;连续性的技术则对组织结构的要求更高,要求组织结构更为有效。伍德沃德的结论是:不同的技术要求对应不同的组织结构,技术与组织结构之间联系紧密,技术在二者的关系中起决定性作用。劳伦斯认为技术对组织有着决定性的影响。他通过研究得出三个结论:首先,技术是组织雇员素质的间接影响因素,技术投入越多,意味着对人员的投入越少;其次,技术对组织结构起着关键性的作用;最后,技术是单个或群体的工作设计中直接的决定因素。因此,技术在组织发展中起着关键性的作用。[2] 伍德沃德在1958年把技术与组织并称的时候并没有给技术下定义,而是使用生产技术、技术复杂性、技术创新、

---

[1] 狄仁昆,曹观法. 雅克·埃吕尔的技术哲学 [J]. 国外社会科学,2002(4):16-21.
[2] [美] 达雷尔·韦斯特. 数字政府——技术与公共领域绩效 [M]. 郑钟扬,译. 北京:科学出版社,2011:264.

技术发展等多个概念……以伍德沃德为代表的英国传统的对技术的界定，基本约束在与生产相关的范围内；美国则始终保持更宽泛的界定，大到组织生产过程，小到个人在生产活动中使用的硬件，如设备、机器和工具。[①] 由此可见，对技术进行精确界定有很大的困难，在不同的文化背景下有不同的所指。

系统管理学派的代表人物卡斯特和罗森茨韦克主张根据技术的类型对组织进行分类。在考虑技术类型时，要考虑到技术的两个特性：第一，技术的复杂程度；第二，技术的稳定性。在稳定的技术条件下，机械式的组织结构具有更好的适应性；复杂的技术则要求组织具有有机结构，这样才能提高组织的效率。汤普森是从技术的类型出发来探讨组织结构的，他认为组织采用的核心技术不同，相应的组织结构就不同。汤普森根据技术之间互相依赖的程度将技术分为三类：长线技术（包含了序列的相互依赖，即技术活动具有依次递进的关系）、协调的技术（这种技术要求的是标准化，通过标准化使协调技术跨时空进行，便于组织的统一管理）和密集的技术（指需要运用一系列科学和技术手段，技术如何组合取决于工作的性质）。因技术的不同所以要求不同的组织结构，据此标准，相应的组织结构有三种：序列性的相互依赖、集合性的相互依赖和互惠性的相互依赖。对组织来讲，序列性的相互依赖组织中沟通和决策成本居中，集合性的相互依赖中沟通和决策成本最小，互惠性的相互依赖中沟通和决策成本最高。所以，从不同的技术出发要求有不同的组织结构，并且会影响到组织的运作成本。[②]

技术决定论认为技术对组织结构有直接的影响，二者之间有明确的因果关系，并且技术是决定性的。技术决定论对于考察技术与组织的关系提供了一种分析视角，它首次看到了组织中技术的重要性，这无疑丰富了组织的研究视角。但是，技术决定论一味拔高技术的地位，就意味着对组织中其他因素的忽视，这将影响我们得出正确、科学的结论。

---

① 邱泽奇. 技术与组织：学科脉络与文献 [M]. 北京：中国人民大学出版社，2018：12.
② [美] 詹姆斯·汤普森. 行动中的组织——行政理论的社会科学基础 [M]. 敬乂嘉，译. 上海：上海人民出版社，2007：76-90.

二、技术的社会建构论

与技术决定论相对立的是"技术的社会建构论",他们否认技术的自我决定,认为技术自身没有意义,在人类社会生活中的意义完全是由人在使用中赋予的。社会建构论认为技术反映着创造它以及资助它的人的意志。技术并非中立的,它不仅仅是一种工具。只有人类使用技术,技术才能发挥作用,才能彰显其意义。"只有通过人类的行动,技术所具有的能力和性质才能被我们理解。"[1]在技术的社会发展过程中有一系列制约因素,比如制度、结构、能动者都能影响到的技术的发展进程和发展方向。在技术与组织的关系中,社会建构论认为组织建构了技术系统并赋予技术系统以意义,技术并不是简单地按其自身逻辑来发展的。在二者的关系中,组织起到了根本性的作用。

皮尤对伍德沃德的决定论持怀疑态度,他在调查了一些组织之后,认为伍德沃德的结论是站不住脚的,只有以生产工作流程为中心的组织才表现出组织结构和工艺技术的联系,在制造业组织中,工艺技术和组织结构方面的联系是很小的,并且相对于规模和其他组织(如有所有权的群体、顾客、供应者等)的依赖性等其他关联因素来说,只起一种次要的作用。[2]被称为战略权变观代表人物的查尔德等理论家认为,对于结构设计,技术及其他环境条件最多只是一种宽泛的一般性约束。布劳和他的同事对美国新泽西州的110家制造公司进行了调查,最终发现,技术复杂性与企业结构的各维度之间几乎没有相关性。他认为技术越复杂,就越需要高层的监管和控制;对于生产线和批量生产技术,对结构分化的要求则低。他最终的结论是,当用离散(而不是连续)变量反映技术的复杂性时,技术的影响最突出,因为技术复杂性对于大多数组织结构特征的影响是非线性的。[3]查尔德的思路被称为战略权变观,强调技术与组织结构之间的灵活性,即二者之间的联结是松散的。

---

[1] 邱泽奇. 技术与组织:学科脉络与文献 [M]. 北京:中国人民大学出版社,2018:219.

[2] [英] D S 皮尤. 组织理论精粹 [M]. 彭和平,译. 北京:中国人民大学出版社,1990:73.

[3] [美] 彼得·布劳,马歇尔·梅耶. 现代社会中的科层制 [M]. 马戎,等译. 北京:学林出版社,2001:103.

制度主义学派的观点在技术的社会建构论中具有一定的影响，制度主义学派具有一定的代表性。该学派批评技术决定论的观点，认为技术包含了塑造人类认知和行为的内在理论，并提出对技术的应用所引发的社会实践要加强重视，认为技术在组织变革中所起的作用是为组织变革提供了时机，而不是引发组织变革的原因。

哈贝马斯则认为，技术的发展是由政治因素决定的。"现代技术是一种自主的力量，这种感觉可以在现代技术的结构中发现自己的产生，但是它的原因却应当在人类自身中去寻找。不管怎么说，是人把自己的信赖置于技术之中，他向它投降，他崇拜它，害怕它，把它当作了神。"[1]哈贝马斯对美国的技术作了研究，认为技术的发展是没有规律可循的，它的发展方向很大程度上是由社会决定的。在美国，科学研究是由国防部以及宇航局来投资进行的。因此，技术自主性的说法是站不住脚的。[2]

综上所述，技术的社会建构论认为，技术并不是按照其内在逻辑独立发展的，它的运行方式和被运用的程度在很大程度上会受到组织行动和组织决策的影响。因此，它是人为的社会建构之物。技术建构论认为，技术对组织的运行只起到一种中介的作用，技术对组织而言是外在的，与组织没有内在的统一性。

三、互构论

随着研究工作的深入，人们发现，单纯地找到技术与组织之间的对应关系几乎是不可能的。第一，技术本身是具有体系结构的，这种结构对组织的规模和结构提出了不同的要求，不同的技术只能在组织的某个层级实现。第二，组织对技术的采纳也是有选择性的，技术只有得到组织的支持才能扩大应用范围并不断向前发展，组织对技术的投入使用是根据自身条件来决定的。

---

[1] [荷]E 舒尔曼.科技文明与人类未来——在哲学深层的挑战[M].李小兵，译.北京：东方出版社，1995：372.
[2] [德]哈贝马斯.作为"意识形态"的技术与科学[M].李黎，等译.北京：学林出版社，1999：94.

组织可能会为新技术的采纳创造支持环境，也可能抵制技术的应用。因此，斯科特在追溯技术与组织的发展历史后，感慨道："如果要确定因果有限顺序，不管是技术优于结构还是结构优于技术，都不是一个好的选择。"[①] 并且斯科特强调更广泛的社会、制度因素在塑造技术和组织结构之间的关系时具有重要意义。

技术与组织的关系是复杂的，技术系统既可以是原因，也可以是结果；既可以改造社会，也可以被社会改造。随着技术系统的庞大和复杂程度的提高，技术对社会的渗透和塑造越来越强烈，而被社会改造的空间越来越小。由此看来，在技术发明阶段和使用阶段，在解释较为年轻的技术系统的行为方面，建构论占有优势；而对于较为成熟的技术系统来说，技术决定论有更大的优势。由此看来，决定论和社会建构论在技术发展的不同阶段有不同的适用性。[②]

技术决定论和技术的社会建构论都是在力图找到技术与组织之间的线性对应关系，而从技术的发展以及组织的发展来看，二者都呈现出复杂性，二者都不是单一线性的结构，因此，试图找到简单的线性对应关系也是不可能的。鉴于此，互构论从技术与组织结构之间的互构来探讨二者的关系。

互构论认为技术与组织之间的关系不是简单对应的，而是复杂的。英格兰阿尔斯顿大学工业研究所对 46 个不同的组织作了研究，并且将技术分为作业技术、材料技术和知识技术三个部分。作业技术是工作流程中使用的技术方法，材料技术是材料转换过程中材料的性质，知识技术是组织使用知识的特性。阿尔斯顿小组的研究结果发现，技术在小组织中，如汽车修理方面是很重要的，它对协调分系统也有着有限的影响；但是在战略层面，它的影响则很小，而其他因素的影响相对较大。[③] 该小组的研究表明，技术与组织的关系是复杂的，二者不是简单逻辑对应的。

技术与组织之间有密切的联系，国外学者用技术能力的概念来描述二者

---

① [美]理查德·斯科特.组织理论：理性、自然与开放系统的视角[M].黄洋，等译.北京：华夏出版，2002：231-232.

② 邱泽奇.技术与组织：学科脉络与文献[M].北京：中国人民大学出版社，2018：276.

③ [美]曼纽尔·韦斯特.网络社会的崛起[M].周凯，译.北京：社会科学出版社，2009：265.

之间的关系，"技术能力（technology capacity）是一个共同认可的衡量电子政府技术应用的重要概念"，"技术能力用来衡量政府拥有什么样的技术及政府是否有能力来使用这种技术"[①]。从实践来看，技术的变化会影响到组织的结构、形式、协调等，组织结构和决策的变化也会影响对技术的选择应用。比如西蒙就认为，技术和组织之间有密切的关系。因为组织是旨在使人和机器能实现目标的行为系统，所以组织形式必须是人类特性和工作环境性质的一种联合函数。组织必须反映组织成员所使用的工具和材料，以及组织员工对工具的操作方式和使用能力。西蒙所讲的工作环境就包括组织所处的技术环境，技术环境是由时代特征决定的，组织形式是社会技术环境的产物。技术的发展会影响到组织的变革，世界上通信技术的发展可能需要组织结构作一定程度的调整，如集权和分权之间的变化，这些可能引起组织形式的变化。

德鲁克探讨了信息技术的引入对组织管理带来的变化。他认为信息技术和组织管理必然会连接在一起，由此产生的信息管理有七大优点：以信息为基础的组织是扁平形的，管理层次比传统组织少；不适合有名的"控制幅度"原则；要求"独奏者"；准许组织内部有很大程度的多样性；以责任为管理根据；像交响乐队；有高度的自律性。达夫特的探讨更为深入，他认为信息技术的发展使电子化沟通成为可能，一种特殊形式的团队——虚拟团队正在形成。

费埃德伯格认为技术的变革会带来其对组织行为的控制，并且技术的控制力量会越来越大。但是，对技术在组织中所起的作用也不可高估，在组织中是不存在决定论的。在组织的内部，技术的体系性要求组织具备合作思维和合作能力，信息技术的综合性要求不同部门之间的合作和协同工作，这样，技术在整个组织中才产生有效的作用。技术发挥作用并不是独立的，它需要依靠组织中的诸种关系。

我国学者邱泽奇及其研究小组通过实地调查也验证了信息技术与组织结构的关系。他们将信息技术引入传统制造业，也就是在传统制造业中检

[①] Eric W Welch, Mary K Feeney. Technology in government: How organizational culture mediates information and communication technology outcomes[J]. Government Information Quarterly, 2014, 31(4): 506-512.

验信息技术的有效性。通过认真研究，他们得出如下结论：技术与组织是一个相互建构的作用过程，信息技术和组织结构都具有刚性和弹性。信息技术因为其综合性而具有结构刚性，但是信息技术又是由不同部分组成的，因此对于各部分来说又具有一定的可塑性；组织结构同样具有两个方面，它因为信息技术的刚性不得不进行结构重组，而组织结构的刚性又使得信息技术在组织使用过程中作出修改。这样，就形成了技术与组织之间的相互影响、相互建构。①

从上面技术与组织的关系研究中，学者们都在论述技术对企业组织的影响，这里暗含一个假设，企业对技术的需求更高。但是经研究发现，客观的机械技术对企业组织的影响不是线性的。技术对组织的影响是存在的，但是不一定表现在组织的某个特定方面，技术可能对组织的结构有影响，也可能对组织协调有影响，也可能对组织决策有影响，或者在几个方面同时都有影响。所以前面的对于技术与组织的探讨都是在研究二者的作用过程。技术决定论在努力发现技术对组织的直接影响；建构论则认为技术对组织的影响需要将其放在一个包含技术在内的社会系统中去考察，技术必须有其依存的载体，并且通过这种载体去影响组织。互构论则看到了二者的不足，试图从更客观的角度去剖析二者的关系，它认为技术与组织在相互影响的过程中都有一个相互调适的过程，因此，技术对组织的影响和组织对技术的适应都是一个复杂的选择过程。

第二节　非线性思维方式

线性思维追求因果直接对应关系，非线性思维的实质是事物的非对应性和非确定性。在技术和组织发展的复杂性日渐增加的情况下，非线性思维方式为人们分析组织发展提供了更为科学的视角。

---

① 邱泽奇. 技术与组织的互构——以信息技术在制造企业的应用为例 [J]. 社会学研究，2005（2）：32-54.

一、非线性科学的研究内容

线性与非线性是数学中的两个概念，用以区分不同变量之中的两种不同性质的关系。线性与非线性的区别总的来说表现如下：线性侧重的是单一、稳定、均匀，初始条件的变化直接影响事物之后的发展演进；线性条件下，行为和结果具有可预测性。非线性则强调多样、变化、不均匀；非线性条件下，行为和结果的发展具有不可预测性。

在科学史中，非线性最早由谁来创造并使用，现已无从考究，也没有人能讲述清楚。在《大英百科全书》中，"线性系统是指系统对于某种力的响应是严格成比例的，不会出现像混沌行为那样的力的巨大的放大。如单摆是一个典型的线性系统。——另一方面，非线性系统的行为模式则是变化多端，根本不可能用精致数学分析进行描述。直到巨型计算机变得成为可控制的时候，人们对非线性系统的本性才有了一点点探索，对司空见惯的混沌有了一些了解"[1]。可见，线性的本质是可预见性，非线性的本质是无法预测后果。

科学家普利高津认为，线性与非线性有着很大区别：线性系统中，整体之和是单个因素的简单相加；非线性系统中，整体不能分解为部分，部分的变动可能会导致整体效果的无法预测。因此，关于线性与非线性的看法主要是从系统的角度来说的，一个因素的变化所导致的系统反应如果是成比例的，就是线性的；如果不成比例，就是非线性的。对线性与非线性系统的科学认识就形成了线性科学与非线性科学。

对混沌的认识是非线性科学最重要的成就之一。所谓混沌就是在确定性系统中出现的一种类似无规则、随机的现象，是普遍存在于自然界和社会中的现象。"严格来说，混沌现象是不含外加随机因素的完全确定性的系统所表现出的内秉随机行为。"[2]19世纪末，法国数学家彭加勒在研究天梯的三体问题时就意识到了混沌现象的存在，他说："初始条件小的变化可能使最后的现象产生很大的变化，前者的小误差会使后者产生巨大的误差。预测变为不可

---

[1] 乔瑞金.非线性科学思维的后现代诠解[M].太原：山西科学技术出版社，2003：8.
[2] 张敏瑞，李国民.非线性理论与创造性思维方式[J].西北大学学报，2004（5）：89-94.

能。"① 他意识到确定性系统具有的内随机性。美国气象学家洛伦兹因其对混沌的开创性贡献享有"混沌之父"的誉称。1960年，它用计算机求解一组描述地球大气的非线性微分方程。为了对输出结果作进一步检查，便将以前计算机输出的中间状态信息作为这次计算机计算的初始值，然后便让计算机开始计算。之后他出去了一会儿，等他回来后发现这次计算结果与之前的结果完全不同。究其原因，是因为他将数值进行了四舍五入运算，将变量的有效位由原来的6位变为3位。这就是人们所熟知的"蝴蝶效应"。蝴蝶翅膀的折翼可能引起气象动力系统原初条件的改变，进而使气象图变得难以预测。由此，他认为，如果大气活动真像这样的话，一些小的误差如果被放大，那么准确预报一个月后的天气是不可能的。所以，确定论的系统在没有任何随机因素干扰的情况下仍然会出现与布朗运动不能加以区分的行为。"失之毫厘，差之千里"就是对初始值变化的敏感性的描述。因此，确定论系统的长时间行为也需要用概率论方法来描述，这就是混沌。诺贝尔奖获得者普里高津认为，在认识世界时，人们应当超越牛顿思维的束缚，向多重性、暂时性和复杂性转变。因此，混沌看到了确定论的不足，它描述了确定论系统内部的局部性变化，它使必然性和偶然性、确定性和随机性、决定论与非决定论统一起来。混沌呈现的是系统从外界吸收负熵后可以从无序变为有序，一个本来稳定的系统在其内部经过分叉也可以从有序变为无序。所以，混沌揭示的是事物发展的非线性发展。

　　从以上对混沌的论述来看，混沌的特征有两个：第一，混沌描述的是确定性系统内部的随机性。系统具有完全确定性的因素，无须附加任何外在因素，系统就会表现出随机性的行为，这也称为内随机性。所以，内随机性就是系统在没有外部干扰下呈现的随机性，并且它在短期内遵循固定的规律演化，且有可预测的时间，但是在长时间后就变得不稳定。系统的内随机性与外随机性存在很大差别，外随机性则是在外部因素的干扰下使系统出现的不可预测的变化。第二，对初始条件的敏感依赖性。只要初始条件稍有变动就会使系统的最终状态呈现出巨大的差异。蝴蝶效应就是对其的典型描述：南

---

① 陈奉友. 混沌控制及其应用 [M]. 北京：中国电力出版社，2006：35.

美洲的一只蝴蝶扇动翅膀可能引起北美洲天气的巨大变化。因此，要对混沌系统作出长期预测是非常困难的。

二、非线性思维方式的产生

科学都包含有特定的思维方式，非线性科学产生了非线性思维方式，由此结束了线性思维主导思维历史的局面。从20世纪90年代中期以来，对线性思维和非线性思维这对概念运用的机会增多，讨论这两种思维方式的著作也不断问世。1996年，迈因策尔在《复杂性中的思维》一书中以"从线性思维到非线性思维"为导言，介绍了非线性发展的复杂性，他认为传统自然科学是线性思维方式，复杂性科学应该采用非线性思维方式，科学的发展要求实现从线性思维到非线性思维的转变。

线性和非线性思维都是人类社会中经常存在的两种思维方式。线性思维是人类惯常的思维方式，比如做事情之前先收集相应的资料，事情结束之后的总结反馈。线性思维主要是运用判断和推理解决问题，因此它非常容易把握。只要具有一定的知识，就会首先运用这种思维方式来分析问题。正是由于其直线思维的简单性特征，使之成为人类思维的主要方式。线性思维的特征是直线思考、单维度和缺乏变动。但是，世界毕竟不是单一的，它是一个内部有着复杂关系的系统，线性思维相对单一的、缺乏变动的特征无法解释自然界和社会系统的复杂性，因此，原因结果之间的非确定性使人们寻找新的解释方式。非线性科学的发展造就了非线性思维方式的产生。

任何一种思维方式都有其生成的科学背景，线性思维方式的形成是以牛顿力学为基础的，牛顿力学是在一个封闭系统中展开研究的，其方程式是线性的，即力与加速度成正比。牛顿力学所展示的是一个简单因果关系的世界，只要掌握了规律就能找到变量与结果之间的对应关系。线性思维方式在人类思维发展史上居于主流地位，它反映了自然世界和人类世界中存在的简单对应关系，这种思维方式是寻求确定性的思维方式，对任何事物的认识都能找到产生的原因和结果，通过确定性的寻求表明世界处在一种简单的因果图式中。在这种因果图式的决定论中，在相同条件下，原因相同，结果也必然相同；结果相对于原因而言，也是确定的。在因果方程式中，某一原因不能既是结果又是原因，结果就是确定性的结果，原因也是确定性的原因。

　　线性思维方式反映了当时人类思维发展的阶段性特征。人类思维的发展经历了一个由简单向复杂、由低级向高级发展的过程。由于人类思维发展的局限性决定了人类对世界的认识和定义是简单因果对应的，但是这种思维的定义并不能表明世界的发展也是简单对应的，它也无法掩盖世界发展的复杂性。到了20世纪，随着量子力学、相对论的出现，人们逐渐认识到客观世界是非常复杂的，充满不确定性，很多现象都无法纳入线性思维的解释框架。新的科学理论的诞生为认识非线性关系提供了科学的证明，正如布莱克所言，科学发展史上，20世纪有三件事取得了重大突破：相对论和量子力学是物理学中的两大革命，相对论的产生标志着对牛顿物理学绝对时空观的打破，混沌作为第三件大事则表明了世界是非决定论的，人和自然界都具有非决定性。新的科学理论认识到了世界的非对应性关系，对非对应性世界的描述只能是非线性的。

　　随着对世界复杂性的认识，发现物质世界的演进、人类社会的进化中非线性是其主要特征，就连我们的大脑也呈现出非线性的一面。因此，非线性思维更有助于解释处于动态发展中的世界万物的联系。

三、非线性思维方式的实质

　　我们知道线性思维以牛顿力学为基础，牛顿力学的着眼点有两个：第一，它研究的是封闭系统；它关注的是系统不受外界影响的状况，否则能量就不能守恒。第二，它研究的是事物的有序、均衡、稳定。牛顿力学反映了当时人们对世界的一种初步认识，人们需要认识系统的稳定性特征，以证明事物的本质性存在。事物稳定性的维持依靠的是确定性的因果关系，事物的未来状态依靠过去是可以预测的。而非线性思维则看到了确定性系统内部的非确定性和非对应性。

　　系统内部存在的非线性相互作用使得找到事物之间的线性关系非常困难。线性相互作用就是作用的总和等于部分之和的简单相加，这种相加意味着存在于系统之中的各部分都是独立的、相关性不大的，每一部分都可以从整体中抽取出来考虑，这里的线性就是简单的相加。而非线性相互作用是指这种作用的总和要大于每部分作用的简单相加。也就是说，非线性的相互作用使事物呈现出的是错综复杂的现象，因此，非线性就是对线性关系的偏离。比如同一城市不同地方天气呈现出的不同状况，有的地方在下雨，而有的地方朗朗晴空，这就是同一城市大气的非线性相互作用影响的结果。如事物之间的关系总是处于线性相互作用之下，那么必然导致事物的衰亡。因为这种相互作用只能使得事物处于无限增长或衰退的极端状态。而从人类社会和自然界的发展来看，其不断发展的一面是主流。因此，事物之间的相互作用是非线性的，它表现在事物之间的相互制约、相互影响上。这样，对事物的未来状态的判断仅依靠过去是无法准确预测的，这种相互作用使事物的未来呈现出多种不可预料的状态。

非线性相互作用表明要找到事物之间的确定性对应关系是非常困难的。从世界观来看，非线性思维建立在这样的假设之上，现实世界由于系统内部的非线性相互作用而使其结果的非线性程度和表现形式千差万别。这意味着在因果联系中同样的原因可能导致多种结果的产生，既可能产生积极的正面的结果，也可能产生负面的结果。所以非线性思维关注的是事物的复杂性、世界的复杂联系。非线性思维中，不存在原因和结果的确定对应关系，因为即使在数学这么精确的科学中，仍会存在微小的误差。所以，因果关系遵循的是线性思维逻辑，非线性思维强调的是事物之间的非对应性。

非对应性并不是说事物之间没有联系，而是用相关关系来代替直接的因果关系。相关关系根据数理关系来衡量数据之间的关系变化。相关关系有强弱之分，相关关系强意味着一个数据值的变化会引起另一个数据值的相应变化；相关关系弱则指一个数据值的变化与另一个数据值没什么关系，即一个数据值变化时，另一个数据值基本不会发生变化。比如在特定地区，人们通过搜索特定词条就能了解该地区患流感的趋势，这就是强的相关关系；如果人们寻找鞋码和公正的关系，这就属于弱的相关关系。相关关系意味着数据之间的相互联系的紧密程度。非线性对应要求找到引起事物变化的主要相关数据，通过相关数据来预测其未来发展。

相关关系和因果关系差别很大，相关关系的证明比较容易，因果关系的证明很难。相关关系的证明方法很多，数学的、统计学的方法都可以，数字工具也是证明相关关系的工具。因果关系则没有相应的证明工具，因此，因果关系主要是基于推定，我们只能推断二者之间的因果关系。数学方法和统计学方法可以找到相关的变量进行相关性分析，但是通过这些方法来确定明确的因果关系则不具有可行性。因此，找到直接的因果关系非常困难，尤其是对于人类社会的发展来说，很多事物都是多个相关数据变化引起的。正如蝴蝶效应所揭示的，从南美洲蝴蝶扇动翅膀到北美洲风暴，这中间会涉及一系列引起风暴的相关因素的变动。当然，二者的区别并不是说可以用相关关系代替因果关系或者否认因果关系的存在。相关关系的提出意义重大，它可以为因果关系研究提供证明材料，奠定一定的基础。相关关系的证明比较容易，而且可以从相关关系中找到一些重要的变量，这些变量很可能就是直接的因果关系的变量。

相关关系的实质是预测未来，"相关关系可以帮助我们捕捉现在和预测未来"[1]。通过找到良好的关联物，可以预测未来的发展趋势，当然，预测并不等于预知，相关关系只能预测未来，不能预知未来。相关关系告诉你会发生什么，而不是告诉你发生的原因。在这种状态下，我们对即将发生的事情会提前准备，以免在复杂性面前陷于被动。尤其是在大数据的时代背景下，在数据多如牛毛的情况下，一一对数据分析既费时也收不到效果，所以，通过数据分析找到主要相关变量具有更大的可行性。大数据与三个重大的思维转变有关：首先，要分析与事务相关的所有数据，而不是只分析少量的数据样本。其次，我们要乐于接受数据的纷繁复杂，而不再追求精确性。最后，我们的思想要发生变化，不再探求难以捕捉的因果关系，转而关注事务的相关关系。[2] 相关性分析也需要人们转变思维方式，它探讨的是事物的非对应性，这种对应并不是毫无关系，而是首先要找到主要数据的对应关系，然后

---

[1] [英]迈尔-舍恩伯格，库克耶. 大数据时代[M]. 盛杨燕，周涛，译. 杭州：浙江人民出版社，2013：72.

[2] [英]迈尔-舍恩伯格，库克耶. 大数据时代[M]. 盛杨燕，周涛，译. 杭州：浙江人民出版社，2013：29.

再进一步分析。线性对应首先要求事物之间的直接对应关系,这种思维随着社会发展的复杂性已暴露出其严重的不足,在社会具有不确定性和复杂性的情况下,首要的是对事物进行相关性分析,找到事物之间的非对应性。

四、组织理论中非线性思维的应用

组织一旦产生,在其生存和发展过程中,就具有了独立性、稳定性。耗散结构论认为组织会通过自组织过程利用无序来达到有序。任何组织结构都包含两种形式:平衡态结构和非平衡态结构。平衡态结构意味着组织在不受外部影响时,处于一种稳定的状态,组织的行为是统一的、规则的,也意味着组织的标准化、统一化行为可以用于处理任何事情。从这个层面上来理解,组织是相对封闭的,不受环境的影响,也不受组织内部任何因素的干扰。但是,任何组织都在与环境进行物质、能量和信息的交换。所以,组织的非平衡态结构才是组织的本质特征,这时组织是一个耗散系统。耗散系统表明系统的开放性,它与外在环境之间存在着能量和信息的交流。系统在交流能量和信息时使其具有不均衡性、不稳定性。但是,系统依据自组织过程仍能通过对外在能量和信息的吸收来保持稳定。因此,耗散系统也表明了系统具有矛盾性,一方面是受外在环境的冲击而使组织内部的稳定性和对称性消失;另一方面,系统通过自身对环境的分解能力而又具有稳定性。对于组织来说,组织作为一个耗散系统,意味着它会把从环境的交换中得到的东西在组织内部进行消散,促使组织的平衡态瓦解;同时,组织还能利用交换进行自我更新,通过自组织过程保持组织稳定。平衡在詹奇看来就是停滞和死亡,只有非平衡态才是组织保持稳定的原因。组织内部的非平衡态意味着组织是一个复杂系统,所以使组织行为的因果分析变得困难,组织行为在某些方面可以预测,在其他方面就不可行;因果链条在一些行为中清晰可辨,在其他方面则因复杂的相互关系而中断。张康之对非平衡态的总结是:在非平衡的状态中,组织的各种要素之间不存在一一对应的线性的关系,而是处在相互作用之中,并形成了一种网络关系。网络关系中一个节点的变化会引起组织结构的整体变化。① 非平衡态描述的是组织处于非线性相互作用的状态。

斯泰西认为组织是非线性反馈系统,包括合法子系统和影子子系统。合法子系统处理当前事物,使系统趋于统一,是组织的显性模式。影子子系统不处理当前事物,受系统隐性模式的推动,使系统趋于多样化。组织的显性模式是对组织以前学习的存储或记忆。组织的合法子系统和影子子系统都是非线性的。合法子系统在满足以下三个条件的情况下就会产生线性关系,这三个条件分别是:对外界的反应只有一种,对外界的输出与外界对系统的输入之间是成比例的,系统之和正好等于部分之和。如果三个条件中的任意一个无法满足,比如系统整体与部分之和不相等,或行为主体有违反合法系统的正式规则,都会使合法子系统的可预测性受到损害。② 在现实中系统对外部的刺激通常不会只有一种准备,而是准备几个可选择方案;系统对输入也可能会作出不成比例的输出;系统之和恰好等于部分之和的状况也极少存在。因此,合法子系统处于非线性状态是正常的。对于影子子系统而言,它一样也是非线性的。影子子系统中的主体有时会根据组织内小团体的或组织没有明文规定的隐性文化来行动,有时则会自发遵循组织内已形成的各种准则。所以,影子子系统中行为主体的相互作用比合法子系统更加多样化,这里起作用的不仅是信息,友谊、情感、品德等都会影响其行为。

不仅合法子系统和影子子系统内部是非线性的,而且二者的相互作用也具有非线性的特征。组织的发展是合法子系统与影子子系统相互作用促成的,二者之间存在张力。如果组织需要完成新任务,那么,组织的显性模式就需要发生相应的变化,而组织显性模式变化的前提是隐性模式的变化。因此,影子子系统的运作才使组织有革新的可能,并且组织在革新之后仍保持其特征。在斯泰西看来,组织的合法子系统就是组织的平衡态,影子子系统就是组织的非平衡态。如果组织想要变革而又不陷入混乱的状态,组织的这两种状态必须同时存在且相互对立,组织的创新是这两种状态相互作用的结果,它表明了合法子系统和影子子系统之间的张力。组织的合法子系统会以最有

---

① 张康之.任务型组织研究[M].北京:中国人民大学出版社,2009:118.
② [英]拉尔夫·D 斯泰西.组织中的复杂性与创造性[M].宋雪峰,曹庆仁,译.成都:四川人民出版社,2000:21.

效的方式来处理其当前任务，尽力保持稳定，维持现状，而影子子系统则阻碍组织处理当前事物，企图变革现状。所以，组织要想创新，一方面，影子子系统的力量必须足够强大，以至于组织的合法子系统受到破坏；另一方面，合法子系统必须控制影子子系统，才能使组织在保持稳定的前提下发生变革，如果影子子系统的力量大到使合法子系统发生全面的危机，组织就会解体。合法子系统和影子子系统的相互作用显然是非线性的，斯泰西的论述是一种理想状态下的假设，在这种理想状态下，组织会在保持稳定的前提下进行创新。但是，影子子系统的力量足够强大，以至于颠覆正式组织的情况比比皆是。所以，当论及二者的相互作用时，非线性的特征更为明显。

彼得·圣吉在《第五项修炼》中对作为五项修炼核心的系统思考的阐述明确体现了非线性的特征。圣吉"提出了学习型组织应该具备的五项修炼：自我超越、改善心智模式、建立共同愿景、团体学习和系统思考"[1]。自我超越作为学习型组织最基础的一项，是其他修炼活动的基础；改善心智模式就是要祛除以前的成见，着力新的思考点；共同愿景帮助组织成员培养积极性，要求组织成员主动地投入组织活动，而不是被动地遵从；团体学习则表明了组织学习的重要性；系统思考在组织五项活动中具有核心意义，它提供给我们的是一种全新的思维，是统领其他四项的理论与实践，它侧重于其他各项修炼之间的互动。从系统来看，整体总是在提醒我们：整体功效大于部分之和。所以，它强调的不是一种简单的相加，而是各要素之间的相互作用。通过系统思考的方式可以弥补现代组织的设计，现代组织基本是依据分工来进行的，这样会造成组织成员只关注自己的事务，而不去关注不同的事务互动所产生的整体效果。以分工去设计组织遵循的就是线性思维，组织成效等于或者小于部分之和。学习型组织要取得更大的成就必须超越分工的个别性思维，以整体思维去关注组织发展。

系统思考之所以重要，是因为它为组织提供了一种新的思维方式，适应了现代复杂社会的发展。系统思考是以整体的观念来处理事物之间联系的方法，它认为要想全面地分析事物，就必须看到事物之间的动态性复杂关系，而不是

---

[1] [美]彼得·圣吉.第五项修炼[M].郭进隆，译.上海：上海三联书店，1998：80.

静态性复杂。后者是指将事物之间的联系看成静态的、一成不变的，它不能把握事物的本质，像按照说明书来拆装物品就属于静态性复杂，动态性复杂看到的是事物之间的变化以及伴随这种变化而产生的结果。既然事物处于动态性复杂关系之中，那么简单分析事物之间的直接因果关系是不全面的。虽然直线式的简单因果关系有其优点，它曾经在思维史上占据主导地位，但是鉴于事物的动态性复杂，我们应该从全局的角度观察事物之间的更为复杂的相互联系，要"观察环状因果的互动关系，而不是线段式的因果关系。观察一连串的变化过程，而非片段的、一幕一幕的个别事件"①。系统思考所起的作用就是通过这种复杂的环状相互关系来找到事物背后的简单结构，使社会不那么复杂。如果想揭示事物的真相，看清事物的本来面目，就必须突破线性的因果思考，将事物的发展看成一个相互联系的动态过程，这是非线性思维的第一步。因果之间的联系是动态的，而非静态的直线联系，所以，认识事物就需要看到动态的相互关系。系统思考就是打破线性思维，站在全局的高度，看到事物之间的环状互动关系，即用非线性的思维来认识事物的真正面貌。学习型组织的魅力就在于突破了传统的科层制的分工原则，以系统的整体的思维来认识组织内外部各种因素的相互联系，从而使学习型组织更具有生命力。

第三节　信息技术与科层制组织发展的关系

传统的组织理论主要采用线性思维方式，而信息技术与科层制组织从属于非线性分析框架，只有在此分析框架下去研究二者的关系，才能揭示技术引擎下的组织发展。

一、信息技术预示着科层制组织的变革

随着技术在社会发展中成为一项非常重要的因素，并且就技术产生的社

---

① [美]彼得·圣吉.第五项修炼[M].郭进隆，译.上海：上海三联书店，1998：80.

会效应而言，人们通常把迅速发展的技术称作"革命"，比如18世纪的工业革命、21世纪的信息技术革命。之所以能称为"革命"，是就其对社会各领域的影响来说的。工业技术标志着从手工时代到电气时代的巨大转变，信息技术可能会导向人机一体化的时代。工业革命始于英国，逐渐波及全世界，各个国家的发展都受到了不同程度的影响，生产力和生产关系都发生了巨大的变化。信息技术的到来势必会引起新一轮的革命。

信息技术革命是由信息技术引起的社会和生活的重大变革，人类因此进入了信息时代。工业时代组织的工作思维是拆分，即把工作分解成小的任务单元，然后将这些任务单元交给小组去做，小组成员程序化执行他们的任务即可。组织再将每个小组生产出的连续模块组装起来，再组合成新的产品，这就是所谓的大规模生产。因此，员工生产时获得的信息都是统一的，这种信息以"须知"的形式发布。在信息时代，组织的生产方式和管理方式有了很大的变化。组织以提供个性化的产品或服务为目的，由此，组织必须不断创新，对产品或服务进行持续改进。信息的作用也发生了变化，从以前的"须知"转变成工作的一个组成部分，信息由此变成一种资源。[①]

在信息时代，信息是比能源、资源、材料等更重要的要素，对它的掌握和有效利用决定着竞争的成败。控制论的创始人诺伯特·维纳给出了信息的经典含义，信息是人们在适应外部世界，并使这种适应反作用于外部世界的过程中，同外部世界进行互相交换的内容的名称。信息论的创始人香农在进行信息的定量计算时，明确地把信息定义为随机不定性程度的减少。与之相关的信息技术正是预示着其在世界经济和社会发展中的重要地位和作用。拥有先进信息技术的国家将在竞争中处于领先地位。信息时代，世界各国都在加快信息技术的发展及其产业化，提高其在经济和社会发展中的比重。在技术发达的国家，信息相关业产值已经占到了国民经济总产值的一半以上。在信息社会里，第一时间掌握信息就能迅速有效地利用信息资源，从而在竞争中处于有利地位。随着信息技术的发展，信息产业也在发展壮大。信息技术正在向传统农业、工业渗透，信息技术可以部分地代替人脑活动，借助计算

[①] [美] 阿尔弗雷德·D 钱德勒，詹姆斯·W 科塔达. 信息改变了美国 [M]. 万岩，邱燕娟，译. 上海：上海远东出版社，2011：246.

机和通信网络从事搜集、处理和分配信息的工作，由此提高思维效率和质量，拓展人的思维能力。

信息技术对社会的各个方面都产生了重大影响，人类的活动也日益信息化、科学化和技术化，信息技术已成为人类活动和社会互动的一部分。哈拉尔认为，农业是第一个伟大的文明模式，工业创造了第二个范式，计算机化的信息系统正在引发一次革命的飞跃，这次飞跃是社会进化中的第三个伟大的范型。托夫勒则将之称为第三次浪潮。尼葛洛庞帝曾经说过："计算机不只与计算机有关，它决定我们的生存。"人类每一次的技术发明，都是对原有生存方式的超越。信息技术的出现，使人类不再生活在一个单纯的物理世界中，人类生活有了数字化的生存活动空间。信息技术所带给我们的将是一个全新的社会，个体、组织都会受其影响发生极大的变化。

就组织而言，信息技术改变了组织中信息获取和流动的方式，组织自上而下的信息传递方式使组织沟通、组织结构和组织权威都发生了极大的变化。信息技术使得组织的工作方式脱离了时空的限制，使工作随时都可以进行。信息技术改变了组织的工作流程，一站式服务使得组织可以提供高效的服务。信息技术打破了部门分割，实现了部门之间的协同办公。信息技术的出现在组织中已产生了深刻的影响，组织正常运转已离不开信息技术的支持。

"每个时代都能产生一种适合自身生活节奏的组织形式。"[1] 农业社会，生产力不发达，基本靠手工劳动，组织无所谓高效。所以，以家庭和作坊为单位的组织就迎合了当时的社会需要。工业社会则产生了科层制组织体制，这种组织体制以高效著称。奥斯本和盖布勒认为美国的科层制体制政府出现在19世纪和20世纪之交，在那时，城市以疯狂的速度成长，工厂大量涌现，采用集权的科层制政府通过规模效应解决了社会的基本问题，提供了千篇一律的服务，比如高速公路、道路、学校、排水系统等。所以，科层制组织在特定时期发挥了积极的作用，这种体制在历史上是受欢迎的。在组织环境相对稳定、任务相对简单、顾客有同样需要、工作质量不是关键因素的情况下，

---

[1] [美] 阿尔温·托夫勒.未来的冲击[M].孟广均，等译.贵阳：贵州人民出版社，1985：76.

这种体制是可以胜任的。①

随着社会环境的变化，"工业化时代发展起来的官僚主义的体制机构，不管在公共部门还是在私营部门，越来越让我们失望"②。我们生活在信息时代，这是一个信息共享的时代；我们生活在个性化的时代，这是一个需求多样化的时代。这使科层制组织追求统一化、高层掌握信息的体制显得落伍。所以，"改革政府""重塑政府""摒弃科层制"的呼声高起。这些提法表明的是在信息时代条件下对科层制组织模式的重新审视。奥斯本认为信息技术是科层制组织改革的契机，信息技术和以知识为基础的经济给社会的发展带来机遇，为了利用信息技术的机遇及其潜力，必须对科层制组织加以改造和重塑。为此，他提出政府改革的十项原则。他认为新的政府应该实行分权而不是集权、具有灵活性而不是照章办事、实行参与协作而不是等级制。从组织的角度来讲，这意味着组织结构的根本改变，要求彻底摧毁科层制组织的结构基础。

针对20世纪80年代的美国，哈拉尔认为，美国的各种机构充满了无能为力的感觉，慢性的思想贫乏和精神空虚，已引起了生产率、革新和责任感的普遍下降。但是，一股新思想的涓涓细流正在从有创造力的企业家那里流出，可能汇聚成变革的浪潮，冲走这些腐朽的金字塔。现有的组织结构是建立在装配线基础上的，现在，计算机在经济秩序中的作用必定会给整个社会带来冲击，社会结构、人类行为都会出现变化，甚至是混乱。信息技术的复杂性需要有它自己的结构形式，正如工业时代需要集中控制的等级制度，信息时代，科层制组织必须作出迅速和灵活的反应。③正如社会学家赫尔默所言："科学的下一次重大突破可能是建立一种组织理论，其重要性可以与创造生命和控制核能这些物理学上的突破相比。"④

---

① [美]戴维·奥斯本，特德·盖布勒.改革政府：企业精神如何改革着公共部门[M].周敦仁，等译.上海：上海译文出版社，1996：13.
② [美]戴维·奥斯本，特德·盖布勒.改革政府：企业精神如何改革着公共部门[M].周敦仁，等译.上海：上海译文出版社，1996：序言.
③ 威廉·E 哈拉尔.新资本主义[M].冯韵文，等译.北京：社会科学文献出版社，1991：122.
④ 威廉·E 哈拉尔.新资本主义[M].冯韵文，等译.北京：社会科学文献出版社，1991：88.

二、信息技术与科层制组织的非线性分析框架

科层制组织从属于决定论的线性思维框架。这种决定论可以从两个方面来理解：

第一，行为的可预测性。在古典组织理论中，"韦伯提供了一个组织框架，……微观层面的操作和运行方面的问题则是由泰勒的科学管理理论来加以解决的"[①]。泰勒的科学管理为科层制组织的决定论奠定了思想基础。泰勒科学管理的目的之一就是对行为进行分解，对每个行为都依据科学进行合理的设计，找到高效、便捷的管理方法和操作工具，进而提高工作效率。韦伯的科层制组织则进一步体现了科学的影响，他将科层制比喻为一架运行良好的机器，专业化分工、精确性、可预测性、服从等技术优势是其他组织无可比拟的。控制是科层制的核心概念，组织对成员行为的预测正是通过组织控制来实现的。控制意味着事件或行为的可预测性，只要具备一定的条件，根据原因就能够推断出结果，并且可以根据组织规则促成某事件或者阻碍其产生，一旦产生不良后果，组织仍可以将事件或行为的后果纳入组织的正常运行轨迹，从而保证组织的正常运转。预测组织成员行为可以减少组织损失，使组织按照预定的目标发展。科层制组织通过规则、制度来控制组织中人的行为，规则以正式或非正式的形式提供了行动的范围，只要组织成员遵守规则，并且按照规则来调整自己的行为，那么，遵守规则的行为就具有可预测性。规则被遵守的程度越高，表明行为的可预测性越强。组织通过规则控制组织成员的行为体现的是线性的决定论。在科层制组织中，规则具有普遍的约束力，组织中的人完全是理性的，人的情感、意志及知识都被理性支配。

第二，组织环境是封闭的。"科层制在决定论者的概念中是控制的封闭系统模型。"[②] 只有在封闭系统中，行为才是可预测的。科层制组织在工业社会中的存在发展一直是将其作为一个封闭的组织来看待的，只有在封闭的系统中，组织成员按照规则办事才能收到预期的效果。当然，这里的封闭也是

---

① 张康之. 公共行政学 [M]. 北京：经济科学出版社，2010：29.
② [美] 查尔斯·J 福克斯，休·T 米勒. 后现代公共行政 [M]. 褚艳红，等译. 北京：中国人民大学出版，2002：94.

相对的,与组织的开放性相比,科层制组织会通过设置边界的方式使其与周边环境分开。一旦遇到外在环境的影响,组织会通过加强内部控制来巩固组织的稳定性。这样,组织行为在封闭系统中遵照规则办事就可产生预期效应,"因而,组织完全被作为一个决定论的确定性模式而固定了下来"[1]。科层制组织的因果决定论是以组织的封闭性为前提的,组织的封闭也强化了其决定论模式,它只有在封闭系统中才具有适应性。

古典组织理论以牛顿经典力学为指导,原因和结果之间的联系是线性的、简单的、明确的,认为组织就像机器一样,只要加足了"油",就会在确定的轨道上理性运转,这是一种完全排除偶然性的确定论。这种组织理论具有共同的特征:第一,组织是线性系统,具有刚性、机械性和确定性,组织行为是可预测的,只要控制了组织的每个方面,组织就可以实现秩序和稳定;第二,方法论上都采取功能主义和结构主义,强调组织的静态、共时性,研究的还原性,在纵向上通过减法原则对权力和目标分解,横向上通过功能分割,最终实现控制组织目标的目的。[2]

古典组织理论在实践发展中遇到了阻碍,科层制组织的稳定性在封闭系统中才得以追求高效率。随着组织环境的变化,人们意识到组织不是封闭的,它受外在因素的影响非常大,所以,开放系统理论更具有理论上的说服力。开放系统模型认为任何组织都离不开与外在环境的物质、能量、技术和信息的交换,所以,科层制组织的封闭只能导致其夜郎自大、效率低下。如果将组织视为一个开放系统,那么组织与环境之间就是相互依赖的关系,它"强调组织与这些组织周围的和渗透到组织内部的要素流之间关系的互惠性"[3]。所以,开放系统理论强调对组织环境的研究,并且认为组织与环境之间的交换是互惠的,这不同于科层制组织通过控制的方式来征服周边环境。将组织视为封闭系统只是相对于开放系统而言的,科层制组织要想生存依然离不开与外在环境的物质、能量、信息和资源的交换,只是其交换是通过强制性的权

---

[1] 张康之. 论政府从官僚制向合作制的转变[J]. 江苏行政学院学报,2012(3):96-103.
[2] 刘延平. 多维度视角下的组织理论[M]. 北京:清华大学出版社,2007:75.
[3] [美]理查德·斯科特. 组织理论:理性、自然与开放系统的视角[M]. 黄洋,等译. 北京:华夏出版社,2002:121.

力支配进行的。在与环境的关系中，它总是设法使自己处于支配的地位，通过控制周边环境，保持其中心地位。而环境是复杂的，其中一个要素或几个要素的变动都可能对组织内部的控制产生独立的或综合的影响，这样，组织要保持其中心地位就变得非常困难。这时，科层制组织的确定性决定论思维就受到挑战。

开放系统观点认为组织不仅创造知识、技术，也从环境中获取。所以，开放系统看到了组织与环境之间的松散耦合联系。组织环境的复杂性和不确定性使组织无法用直接的因果线性思维来考虑组织行为，组织必须注意到环境的或然性影响。"或然论的框架代表了建立联系性和相关性的尝试"，"趋势判断和相关性分析代替了因果关系，成为研究的激发力量"[①]。或然论意味着线性因果关系的不严密性，事物之间的相关性研究更能揭示事物之间的本质联系，一旦将科层制组织放在更大的系统中去考察，就需要应用或然论的思维。

信息技术按照达夫特的研究是被归结到组织的关联性结构中的，它是组织环境的一个组成部分，对信息技术与科层制组织关系的考察，尽管如上文所述，学者们从不同的立场和理论出发得出不同的结论，但是，有一点是确定的，技术如何使用及其使用效果如何直接取决于组织中的人。所以，信息技术对科层制组织的影响用因果论的思维来分析的话就会陷入困境。线性思维总是致力于找到信息技术与科层制组织的直接互动，认为技术与组织发生关系不需要中介，然而从科层制组织的发展历史和现状来看，技术对组织的影响并不是非常明确的。从历史来看，科层制组织是工业技术的产物，工业技术的分工协作模式直接影响到科层制组织的构建，但是，工业技术的更新换代并不与组织的发展同步。从现状来看，信息技术的产生使学者们意识到科层制组织的发展危机，认为随着信息技术的应用，科层制组织将会发生变革，产生新的组织形式。但是，信息技术对科层制组织的作用机制却没有明确的研究。所以，信息技术作为一种复杂性技术，它的发展也不能伴随着组织发展的同步性。那么，从线性思维出发研究二者关系就无法得出客观的结论。

在对二者关系的研究中，从相关关系出发，发现影响科层制组织的因素是

---

① [美]查尔斯·J 福克斯，休·T 米勒. 后现代公共行政 [M]. 褚艳红，等译. 北京：中国人民大学出版，2002：95.

很多的，组织制度、组织认知、组织伦理、组织流程、组织人员等都是科层制组织发展的相关因素。同时，它们也是影响信息技术发展的相关因素，因此，对二者的研究，需要摆脱决定论的因果思维框架，从相关性出发来预测信息技术的发展给组织带来的变化或者分析信息技术对组织发展产生的影响。

三、信息技术与科层制组织发展的非对应关系

在信息技术与科层制组织的关系中，受传统的线性思维的影响还是比较大的。其实，要找到信息技术与科层制组织的直接对应关系是非常困难的。但是，有很多研究仍是从线性思维出发的，比如信息技术是强化了组织的控制还是弱化了组织的控制，是强化了中层管理者的作用还是弱化了其作用，组织规模因此得到了缩减还是增多。实际上，这些讨论所引发的思考是信息技术与组织变革是否存在直接的因果关系，信息技术对科层制组织影响的具体表现在哪里，这样的分析思路将会阻碍我们对二者关系的全面分析。全钟燮发现了二者的非对应关系，他认为，尽管有大量的文章在论证技术在促进组织效率、提高组织效能方面的作用，尽管信息技术促使政务公开，给政府管理提供了高效的工具，但政府在技术面前必须谨慎，以免受制于技术理性。而且，技术在组织中的应用会产生边际效益。因此，技术所起的作用是有限的，使用技术手段的人不仅要掌握技术技能，还要关注人类的技能。

技术与组织的非对应关系意味着二者仍然存在一定的关系，我们谈论信息技术与科层制组织关系时也是从总体的意义出发的。在现代技术的设计中，我们必须摆脱掉孤立看待技术的思维，这种看法只存在于工业社会初期，因为那时的技术是建立在简单的技术原则基础之上的。随着技术的进一步发展，技术的复杂性加剧。"现代技术特殊的正确性和精确性，这允许技术组织作为一个系统，意味着设计主要在于使每个人工制品'适应'整体。强加了一种生活方式的是系统，而不是个别的装置。复杂的现代技术的意义正在于各种关系。"[①] 复杂的现代技术是建立在多种技术子系统的复杂相互作用上的，这

---

① [美] 芬伯格. 可选择的现代性 [M]. 陆俊, 等译. 北京：中国社会科学出版社，2003：276.

些子系统都承担特定的任务。其中一个子系统出现错误，往往会使整个系统失灵。因此，现代办公设施、运输和通信网络，很容易受操作失误、自然灾害或人为破坏的损害。那么，单个拆分信息技术是没有意义的，本书从总体上来探讨信息对科层制组织的影响。

信息技术对组织的影响是总体性的。因为无法拆分的特征或者说因为技术之间相互联系的特征，致使我们无法简单地去探讨某种具体的信息技术对单个组织的影响。对科层制组织来说，我们也是在将其作为一种理想的组织形式来进行分析的。因此，信息技术作为一个整体对科层制组织这个整体的影响是总体性的。在现实中，我们并不否认对技术和个别组织作具体的社会研究，我们会看到这方面的具体数据，这种个别研究是把组织作为一个静态的封闭的东西来看待的，组织文化的互动、组织沟通等具有文化意义和社会意义的东西通过数据是无法准确显示的。所以本书认为，将二者分别作为一个整体，即从总体性来探讨更具合理性。

将信息技术与科层制组织的关系放在总体性的框架中进行探讨，会发现信息技术是组织变革的诱因。休斯对信息技术引发的科层制组织的变化作了预测，信息技术将会引发科层制组织工作环境的大变化。"信息技术对科层制组织的影响主要表现在两个方面：一是组织是基于信息建立而不是基于等级制；二是组织中数据软件的使用可以让低层员工来完成高层次的任务。"[①] 信息技术引发组织变革需要一个长期的过程，如果从短期来考察的话，信息技术甚至会阻碍组织的发展，但是如果将二者放在历史长廊中来考察，技术的革新会引起组织变革。张康之认为，技术引发组织变革是从量变到质变的，技术与组织之间没有直接的对应关系，即使技术已引起了组织结构的直接变化，但是它也不能决定组织的性质。在现有的组织中，虽然因技术引进使组织效率得到提高，但是技术所起的作用只是引起了组织的部分变化，而且，技术引发的组织变化是从量变到质变的，"只有在技术引发的组织的各个方面的量变积累到了一定程度的时候，才会逐渐引发人们的观念以及行为方式的变化，直至突破组织既有的结构模式以及制度框架的要求，并引发组织整体

---

① Owen E Huges. Public Management and Administration: An Introduction[M]. Beijing: China Renmin University, 2005:192-195.

性的变革"①。因此，技术引发组织变革的过程是长期的。这种长期性意味着二者的相互作用是长期的，这种互相影响不止一次或两次，是随着信息技术的不断发展和科层制组织的不断调整一直处于相互影响之中。

从信息技术与组织相互关系的长期发展来看，技术引发组织变革的过程意味着二者的相互调适，信息技术在组织引入和扩散的过程中面临着被组织改变发展方向的问题，芳汀称之为"被执行的技术"。科层制组织会对在企业中先发展起来的信息技术进行选择利用，并使之适合科层制组织的发展。而组织在吸纳并应用技术的过程中产生了技术的制度化效应，即信息技术将熟练工人的知识和技能程序化，所有级别的工人所使用的常规、程序、知识、专门技能和解决问题的方式，都被内嵌到技术设备和机器中，由此使得技术的效应客观化或者程序化。②这时，经技术改造后的组织已发生了量的变化。经过信息技术的进一步发展以及其在科层制组织中的应用，它会使组织完成量变到质变的转换。

通过以上论述，本书将信息技术与科层制组织的关系总结为信息技术与科层制组织之间存在非线性的对应关系。如果从二者相互作用的实践来看，信息技术在政府组织中的发展表现为二者之间的相互调适；如果引入时间因素的话，信息技术的到来必然引起科层制组织的根本变化。

---

① 张康之.论社会治理中的技术与制度的辩证法 [J].甘肃行政学院学报，2013（2）：4-11.
② [美] 简·芳汀.构建虚拟政府 [M].邵国松，译.北京：中国人民大学出版社，2010：38.

第三章　信息技术对科层制组织的影响

信息技术一旦与科层制组织相结合，它就会对组织内部核心要素——组织沟通、组织结构、组织权威等产生影响，一方面起到了维护现有组织形态的作用，另一方面冲击了组织内部的核心要素，当组织内部的核心要素受到冲击，科层制组织就会变得完全不同。

第一节　信息技术对科层制组织沟通的影响

在20世纪的公共行政学研究中，科层制组织是一种最基本的治理形式，政府是最为典型的科层制组织。科层制组织由于其掌握的公共权力使其处于中心位置，在工业社会的相对封闭的背景下，科层制组织通过其内部控制实现了运转的高效率。因此，科层制组织的沟通也具有其时代特征，注重内部沟通、正式沟通和纵向沟通。随着后工业社会的来临，政府面对的社会环境发生了很大的变化，科层制为应对后工业社会的高度复杂性和高度不确定性必须对自身进行完善，这就使科层制组织的沟通也必须发展外部沟通、非正式沟通和横向沟通，信息技术恰恰为这种沟通的发展提供了契机。同时，由于信息技术复杂的社会效应，信息真假难辨，导致人们也怀疑沟通的有效性。

一、对组织沟通的理解

科层制组织是为完成特定的任务，由成员、部门按照一定的原则构建的整体。目标起着引领组织工作方向的作用，为实现组织目标，成员之间和部门之间必须相互配合，这时，沟通所起的作用就显现出来了。组织成员和部门配合的过程就是信息交流和传递的过程，信息交流不畅，沟通不顺，组织的下一步工作就无法开展，组织目标的实现更是无从谈起。对于组织沟通的重要性，学者们都表达了肯定性的看法。比如，巴纳德就高度重视沟通的重要性，他认为组织就是一个信息交流的过程。沟通在组织中居于中心地位，组织的结构、规模以及管辖领域基本是由组织的信息处理能力决定的。[①] 从沟通所起的作用来看，沟通是任何组织开展工作的前提和基础，没有沟通，组织信息就无法收集；没有沟通，组织决策也无从作出。因此，从组织沟通的本质来看，"沟通被界定为信息的传递和接收"[②]，沟通首先意味着信息的交流。行政人员工作的第一步就是进行信息的收集和传递，组织内外的情况以及组织环境的发展状况都是通过信息的方式反映给组织的，组织也正是以此为基础，才能作进一步的分析和决策。在科层制组织中，沟通的重要性尤为明显。但是，科层制组织的结构性因素在沟通方面存在着先天不足，多层级的权力体制和多部门的组合方式都是阻碍沟通顺利进行的因素。于是，沟通不畅成为组织的常见现象。但是，政府组织又承担着提供公共服务的基本职责，一旦沟通不畅，则会影响到其效能的实现，这时，组织就必须通过协调的方式强制性地保障部门之间的沟通，然而组织沟通的本来意义却消失了。所以，组织沟通所起的作用是组织其他职能无法替代的。

对科层制组织来说，沟通的重要意义在于为决策作准备。因此，沟通不仅仅是一个技术性的问题，如果仅将沟通作为一种工具来看，沟通的意义就局限在信息收集和传递方面。实际上，沟通所起的作用不仅是工具性的，还具有功能性的作用，也就是说沟通所起的作用超出了自身的范围，它直接影响到组织的其他职能的实现。在科层制组织中，组织决策在组织的各项职能中占据着中心位置，决策的正确与否可能关系着组织的生存。对于沟通与决策的关系，吉瑞赛特是这样论述的，他认为沟通已经不单是一种技术手段，

---

① [美] 詹姆斯·马奇，赫伯特·西蒙. 组织[M]. 邵冲, 译. 北京：机械工业出版社，2008：146.

② Felicia Andrionia, Lavinia Elisabeta Popp. Organizational communication in social care organizations from hunedoara county, Romania[J]. Procedia - Social and Behavioral Sciences, 2012(62): 590-594.

它已经进入了组织的管理和决策环节，尤其是在领导决策方面，它起着直接的作用。但是，很多人都没有认识到沟通对于决策的意义。[①]沟通是否顺畅，也影响到组织决策的制定。沟通在组织内部是一个动态发展的过程，一边是发布信息的人，一边是接受信息的人，二者对于信息的接受和理解至关重要。对于科层制组织来说，决策者接收到什么样的信息，可能就会相应作出什么样的决策。决策过程中，有两个问题至关重要，一是确保信息的真实性，二是确保信息传递的顺畅。这样，决策者才能得到有助于决策的信息，同时也使其决策从上而下正确执行。

沟通顺畅与否也影响到组织的信任。组织内部信息传递过程实际上就是人们之间的一个合作过程，人们对信息的理解和接受直接影响到组织行动的效果，人们对政府的信任恰恰是根据组织行动来判断的。信息的传递过程被形象地比喻为编码过程，接收过程被比喻为解码过程。编码和解码都需要以数字和文字为基础。人们对文字的理解以及所学知识结构的差异对信息的编码和解码有着直接性的影响。对于科层制组织而言，编码和解码过程必然是以科层制为背景，必须考虑到科层制组织的职业特征以及其承担的职能。科层制组织承担的主要任务是为社会提供基本公共服务，信息编码和解码一旦失误，组织提供的大规模生产活动和服务活动就会造成浪费，而人们的基本需求又得不到满足，最后损害政府形象，使政府公信力降低。因此，外部环境信息以什么样的面貌呈现在组织面前，直接影响着政府的职能发挥和人们对组织的信任。

二、科层制组织沟通的特征

科层制组织是按照权力层级体系组织起来的组织形式，它的运转主要依靠国家财政的支持，依靠法律规章制度来保障，这些特征表明了它作为组织的正式性和封闭性特征。它可以依靠权力来支配周边的组织和环境，它无须重视与环境的交流和沟通。当我们从组织的视角来看科层制组织时，其核心要素是组

---

① [美] 雅米尔·吉瑞赛特. 公共组织管理——理论和实践的演进 [M]. 李丹，译. 上海：上海译文出版社，2003：126.

织结构、组织沟通和组织效能,因此,组织沟通也必然强调其正式方面。

从学者们对科层制组织的描述可以总结出这种组织的沟通具有三个特征:第一,注重正式沟通,忽略非正式沟通。组织沟通是通过一系列明文规定的条例和规章制度进行的,正式文件在科层制组织中具有法律效力。因此,组织沟通首先要依靠正式的文件进行,强调的是正式沟通。尽管非正式沟通在组织中也是存在的,但是其并不受组织的保障,是没有法律效力的。第二,注重内部沟通,忽略外部沟通。科层制组织不同于一般的组织。科层制组织由于掌握公权力因而具有垄断性,因其掌握着公共资源的分配权决定了其高于其他组织的地位,其他社会组织要想生存必须依赖政府。因此,科层制组织没有与外部沟通的动力,在工业社会的背景下,科层制组织依据自身的权力就可以生存得很稳固。第三,注重纵向沟通,忽略横向沟通。科层制的实质是层级制,层级制意味着组织成员在等级中的身份规定,位于层级制顶端的人具有最高的权力,他将组织的任务和命令下达给下一级的部门和人员。以此类推,下一级的部门和人员也层层下达,直至将组织任务层层下达到组织最底层的人们,这种下达任务的方式也就是组织中信息传递的方式,高层向底层传递如此,底层信息向高层传递亦如此。层层传递是纵向沟通的方式,组织中缺乏横向沟通。[1]

从科层制组织沟通的特征可以看出,这种沟通具有明显的不足:其一,等级制的纵向沟通会压制组织的横向沟通。在组织中,下属得到什么样的信息,主要是由他的上级以及上级的上级决定的。这样,信息获取的渠道就不是组织成员自己定的,而且处在等级制最底层的人员可能永无接收重要信息的资格。对于等级制的上层来说,他们倾向于向上沟通,对于与同级的沟通则不会予以考虑。结果使纵向沟通成了科层制组织唯一认可的方式,横向沟通则得不到发展。其二,由于信息获取方式的特殊性使下级将赢得上司认可作为其工作表现的衡量标准,"寻求上级的称赞而不是同级同事的认可"[2],这样,对岗位的责任就会转变成对上级职务的服从。表面看来,这种纵向沟通

---

[1] 苗俊玲.信息技术对官僚制组织沟通的维护[J].行政论坛,2013(6):25-29.
[2] [美]理查德·H 霍尔.组织:结构、过程及结果[M].张友星,等译.上海:上海财经大学出版社,2003:192.

比较顺畅,但是随着上级职务的调换,对上级的沟通也变得不畅通。而且,由于忽略了与同事的横向沟通,则造成了组织成员总体对组织的满意度的下降。其三,等级制沟通为组织合作造成了困难。沟通的重要功能是促成组织的合作,保证工作的完成。但是,科层制组织部门分割的现象严重,纵向沟通使组织成员只重视本部门内部的沟通,对于与其他部门的沟通则不予重视。一旦部门间利益发生冲突,惯常的解决办法就是"由共同的组织上司惩处两个对立斗争的机构"[①]或者由共同的上级部门加以协调,前一种惩罚性的办法严重挫伤了部门的积极性,后一种办法则会出现上级部门将其意志强加于被协调部门,下级部门则陷于被动,不论是哪种办法都不利于部门之间的合作。

三、信息技术对科层制组织沟通的意义

信息技术为科层制组织的变革提供了新的契机。从组织发展的历史来看,重大的技术变迁都会对组织的发展产生重要的影响。与农业社会技术相适应的组织形式是家庭和手工作坊,与工业社会技术相适应的是科层制组织,与后工业社会的技术相适应的组织形态必然是与信息技术的出现相关的,信息技术是后工业社会的核心技术,它的出现必然为组织发展的变迁提供新的机会。具体到组织沟通方面,信息技术为科层制组织创造了四通八达的沟通网络。

(一)信息技术促使科层制组织拓展外部沟通

从信息技术的概念可以看到,信息技术是指一切涉及信息的生产、收集、存储、处理、流通和应用的技术,相关方法,制度,技能,以及相关工具和物资设备等。它涵盖软、硬信息技术范畴,包括信息技术的管理制度、方法体系、解决方案、系统集成和服务体系等。现代组织的运行已离不开信息技术提供的设备和服务,它作为一种沟通工具,已经深刻地嵌入组织的运行过程中。换言之,如果没有信息技术提供的沟通网络,组织可能面临瘫痪,决

---

① [美]詹姆斯·W 费斯勒,唐纳德·F 凯特尔. 行政过程的政治——公共行政学新论[M]. 陈振明,等译. 北京:中国人民大学出版社,2002:132.

策无从作出，组织运行无法正常进行。

科层制组织着重强调的是组织内部的沟通。在工业社会的背景下，科层制组织的内部沟通可以基本满足组织生存发展的需要，因为科层制组织通过设定其边界来将组织内部与外部的界限划分开，而且工业社会所面临的是确定性的风险，通过科层制组织的确定性追求可以满足组织解决确定性的问题。但是我们当今的社会是一个风险社会，组织仅有内部沟通已不能满足组织的发展需要。贝克认为，我们当前的社会是一个风险社会，当代社会的风险已不同于传统社会。传统社会的风险更多的是自然风险，即自然灾害导致的风险，当今社会的风险更多的是人类自己制造的，"风险终究是源于知识和规范的，进而它们可以在知识和规范中被放大和缩小，或者简单地从意识的屏幕上被移除。消除风险或解释掉风险，对于风险意识就是食物对于饥饿所意味的东西"[1]。不论风险社会的风险是自然造成的还是人为的，都意味着人类面临的不确定性增加，社会已经由工业社会的低度不确定性和低度复杂性向高度不确定性和高度复杂性转变，科层制组织仅有内部沟通已不能满足组织的生存发展了。在后工业社会背景下，组织必须保持对环境的高度适应性。

信息技术模糊了组织的边界，使组织与环境处于一体化之中。因此，组织内部的信息通过信息技术可以流出到组织外界，同样，组织环境的信息也通过信息技术流入组织内部。信息技术使科层制组织与外部环境的边界变得模糊。"把组织视为一个体系的观点拓展了有关沟通的问题范围，它将复杂的互动和组织中各个部分之间及其与环境的相互依赖都纳入了进来。最终，当前的技术革命已经解决了许多技术问题，拓展了人类的能力，并且使多年前不可能的所有沟通方面的问题得到了解决。"[2] 组织与环境的一体化意味着组织不仅是依靠组织内部的沟通，组织与外部环境的沟通也变得顺畅。比如，借助信息技术的发展建立的政府门户网站、政务微博、政务微信、政务 App、大数据平台等实现了民众从查阅信息、了解相关政策，到参与政务管理、上传数据，政府与民众的沟通变得可行，政府公共关系有了新的突破。组织与

---

[1] [德]乌尔里希·贝克.风险社会[M].何博闻,译.南京:译林出版社,2004:90.
[2] [美]戈登·塔洛克.官僚体制的政治[M].柏克,等译.北京:商务印书馆,2010:211.

环境的一体化超越了组织内部的沟通，组织与环境借助信息技术也实现了良好的沟通。

组织与环境的一体化在工业社会里意味着环境对组织的作用力是不可拆分的。组织所感受到的是整个环境对之施加的压力，在这种状况下，组织是作为一个总体应对环境的，这就不可避免地导致了组织对环境的反应迟钝，组织作出的决策往往表现出不能适应环境的需要，只能满足环境的部分需要。在这种状态下，组织作为一个整体很难与环境形成有效的沟通。在信息技术下，由信息技术所产生的网络结构把组织对环境的反应具体转化为组织的具体要素与环境的相互关系中，"网络结构把组织整体与环境互动的单一通路分解到组织的每一构成要素之中，环境压力总能被及时地觉察并作出无时滞的回应，从而增强组织整体上对环境的适应性，实现组织与环境的充分互动。所以，网络结构赋予组织高度的适应性，使之成为最有效率的组织"[①]。组织的具体要素与环境的联系意味着组织找到了应对环境的具体方式。具体到组织的沟通方面，则表明了组织与环境的沟通是在具体的职能部门进行的，组织不是作为一个整体实现与环境的沟通的。科层制组织通过不同的职能部门实现与环境的沟通，使组织内部与外部形成非常顺畅的沟通渠道，顺畅地进行沟通可以进一步提高组织应对环境的能力。

（二）信息技术促使组织形成纵横交错的沟通网络

等级制是科层制组织的核心内容。科层制组织拥有一大批官员，他们的职位按照等级制序列依次排列。上级可以对下级发号施令，下属必须受上级的管理与监督，上下级之间的职权关系严格按照等级划定。等级制决定了组织的沟通必须按照层层传递的方式进行。组织的纵向沟通在科层制发展史中发挥了重要的作用。但是，组织仅有纵向沟通并不能使组织顺利完成各项任务，它可能会使信息经层层传递而产生信息迟滞，贻误决策的制定和执行；会导致对纵向沟通路径的依赖从而否认其他沟通形式，不利于组织的合作。因此，组织的横向沟通也是非常必要的。

---

① [美] 丹尼尔·雷恩. 管理思想的演变 [M]. 赵睿，等译. 北京：中国社会科学出版社，2000：256.

信息技术促进了组织的横向沟通：其一，信息技术具有跨越时空障碍的特性。网络空间不同于现实的物理空间，它通过网络节点将所有的网民联系在一起，只要在同一网络上，所有的节点之间的距离都是一样的，或者说距离为零。因此，网络没有距离，所有的在线网民都能进行及时沟通，不在场的网民可以进行延时沟通，网络的时间和空间弹性克服了现实中的时空限制。对于组织而言，组织可以超越组织结构的限制，实现横向沟通。其二，信息技术实现了人本化的沟通。"绝大部分横向沟通都是由所设计的两个部门或单位通过面对面、文件对文件的方式来实现的。"[1] 这样的沟通也是属于组织内部或组织间的官方沟通，组织所拥有的都是官方的正式文件及组织的感情，个人及个人的情感在组织中是不存在的。但是，在组织中执行某些任务是需要部门之间及同事之间的合作的，这就涉及部门及同事之间的沟通与协调。在协调过程中，由于任务发展的不可预见性，使个人之间的沟通变得非常重要。所以，部门内部人员的沟通比起组织任务的协调而言，包含了更丰富的内容。卡茨与卡恩写道，同事间的相互理解是部门强大的一个原因。一些经验令人信服地表明，人们的社会情感与支持在正式组织及非正式组织中都很重要。同舟共济的心理因素总会促使人们与同事进行沟通。[2] 可见，组织中是需要横向沟通的。科层制的特征使组织的横向沟通变得困难，即使存在一定的沟通也使其成为一种正式的组织理性沟通。信息技术的个体性化特征使沟通过程注入了人的情感，弥补了组织理性沟通的不足。

（三）信息技术促进科层制组织非正式沟通的发展

琼斯在《大型组织中的决策》一书中将沟通网络分为正式信息沟通、半正式信息沟通和个人信息沟通。[3] 正式信息沟通网络是用来传递被科层组织明

---

[1] [美]理查德·H 霍尔.组织：结构、过程及结果[M].张友星，等译.上海：上海财经大学出版社，2003：194.

[2] [美]理查德·H 霍尔.组织：结构、过程及结果[M].张友星，等译.上海：上海财经大学出版社，2003：195.

[3] [美]安东尼·唐斯.官僚制内幕[M].郭小聪，等译.北京：中国人民大学出版社，2006：121.

确认定为"官方"消息的信息,它包括正式命令以及指示、定期报告、官方信函等;半正式信息沟通是指在组织中存在的非正式权力结构中出现的信息。这类信息主要是指组织中的非正式规则与程序,这样的规则很少明文规定,需通过实践来学习;个人信息沟通是组织成员在与组织内部人员或外部人员交往时所显示出来的对组织活动的态度。这里的半正式信息沟通就是非正式沟通。琼斯论述的正式沟通即组织文件传递的信息沟通,非正式沟通即通过组织文化、个体对组织的理解所传递的信息。组织通过组织规定的渠道进行的信息交流,这种交流的渠道受到组织的监督和保护;正式沟通和非正式沟通对于任何一个组织来说都是存在的。

  正式沟通常通过结构化的沟通渠道以及人们在组织中所处的职位来进行。结构化的沟通渠道是组织图式表所规定的沟通路径。科层制组织有其正式的沟通渠道,信息的上传下达也是通过结构化的安排进行,结构化的沟通路径受到科层制组织的保护。非正式沟通即存在于组织中的条文之外的沟通,是正式沟通之外的沟通渠道,它不受组织监督,交流形式多样。

  正式沟通在科层制组织中具有绝对的重要性,但是它仍存在不足,唐斯这样描述:"第一,正式的信息从一个官僚部门的低级官员传递到相同等级的另一个部门的官员,需要花费的时间太长。第二,正式的信息要记录在案,但相关的官员或许只想对问题进行实验性讨论。这一点对于产生新思想尤其重要。第三,低级官员或许暂时不想向其上司暴露自己的想法,即使只是粗略的形式,但任何正式信息沟通都是越过信息发送者而直接向上司传递的。"[1]可见,正式沟通会延误信息的传递,会抑制官员新思想的产生,不利于保护官员的个人想法。因此,正式沟通不能满足科层制组织沟通的需要。但是,在科层制组织内部如何开通非正式沟通的渠道呢?通常在正式组织中存在一些因兴趣、地缘、业缘等连接在一起的非正式组织,非正式组织的存在为人们之间的横向沟通提供了便利,但是科层制的层级结构限制了非正式沟通。

  信息技术为非正式沟通创造了条件。首先,信息技术实现了沟通的平面化和立体化。科层制组织中虽然仍然存在层级结构,但是这种层级结构存在于权

---

[1] [美]安东尼·唐斯. 官僚制内幕[M]. 郭小聪,等译. 北京:中国人民大学出版社,2006:124.

力运行过程中。科层制组织在信息技术的使用和处理过程中仍然是按照网络节点将人们联系在一起的,组织中的每个人都在使用个体化的通信媒体和设备,比如因特网、电子邮件、录音会议等。信息技术通过多种个体化的通信设备将所有的人联系在一起,实现了沟通的平面化、立体化。其次,信息技术实现了沟通的个性化。信息技术的网状结构使组织冲破等级制的束缚将组织内部的人员自由地联系在一起。网络通信设备不同于科层制组织的正式文件沟通,每个人的通信设备都有其个体化的标签,比如个体化的域名、账号等,这避免了正式沟通的官样化形式,使沟通更具个性化、人情味。最后,信息技术创造的这种沟通形式冲破了科层制的纵向层级架构,下级官员通过信息技术可以直接与上级官员沟通,同时可以与另一等级的官员沟通,实现了纵向、横向和斜向沟通。非正式沟通在科层制组织中是缺乏沟通的便利条件的,通过这种网状沟通格局的创立,使非正式沟通成为可能。在信息技术的条件下,非正式沟通更能适应个性化的社会需求,从而弥补正式沟通的不足。

信息技术虽为沟通提供了便利的条件,拓展了组织沟通范围,但是就沟通效果而言,信息技术是否起到了真正的作用呢。拉斯韦尔提出,沟通被看作谁(Who)(在通过什么途径)向谁(Whom)传递什么信息,并产生了什么(What)效果。沟通似乎是线性的,而事实上沟通受多种因素的影响,比如沟通的方式,接收者的已有知识、教育背景等都会使信息在传递和接收时受到曲解,因此,沟通是非线性的,那么沟通效果就是值得关注的。

明茨伯格就沟通的效果提出怀疑。他认为,虽然信息技术为组织外部沟通的实现提供了便利,但是这样会造成人们的对于组织内部沟通的忽略。网络不仅使得人们结交新的朋友变得方便,与老朋友的交往也变得更为容易,那么,在同时关注新老朋友方面,可能就会存在顾此失彼的现象。[1]如上文所述,信息技术虽然创造了纵横交错的沟通网络,使组织处于一个开放的沟通环境中,但是科层制组织内部由于壁垒森严、等级分明,所以处于组织低层的人员拓展的外部沟通会远远多于与组织上层的沟通。而且,组织沟通也主要限于工作上的事情。在这种情况下,信息技术对组织的外部沟通起的作用

---

[1] [加]亨利·明茨伯格.管理进行时[M].何峻,吴进操,译.北京:机械工业出版社,2010:43.

就要大于组织内部的沟通。久而久之，组织成员就会将注意力集中在外部沟通，通过外部沟通来满足其心理需要。这样，内部沟通的重要性就会被忽略，除了工作中事情的沟通外，组织成员不会把过多的时间和精力用于加强组织内部的沟通。

  信息技术也代替不了组织内部人本化的沟通。科层制组织内部的沟通一般是通过正式的部门或者正式的文件来进行的，"绝大部分横向沟通都是由所设计的两个部门或单位通过面对面、文件对文件的方式来实现的"[①]。因此，其沟通所使用的也是官方话语，沟通的作用是起到组织部门之间或组织与组织之间的协作，在此过程中，组织成员的个人情感是没有被注意到的。但是，在组织的运行实践中发现，组织成员的情感往往会对沟通的进行起着很大的作用，很多部门的沟通往往最后成为管理者个人情感的沟通。因此，任务的协调和完成很大程度上依靠个人的情感因素。有学者对此进行了总结，在组织中同事间的情感因素在正式组织与非正式组织中都发挥着重要的作用。共同的心理需要或者情感交流的需要是人们沟通的基础，没有这些因素的存在，组织成员就不会主动去沟通。组织中被动的沟通是存在的，那也是为完成任务一时的短暂的沟通。[②] 此外，组织中信息技术作用的发挥必须经过组织人员的接收、处理才能转化为有用的信息。信息技术只是提供了组织沟通的有力工具，通过这种工具，组织有可能加速沟通过程。但是，如果这种工具不能被人有效利用，那么信息技术就会作为一种与组织无关的工具而存在。虽然信息技术对科层制组织的信息处理起了非常大的作用，但是，信息技术的网络结构也不能自发地产生沟通。所以，信息技术虽为组织提供了便利的载体，但是它仍然是依赖人的能力来完成很多工作的。而且组织工作从本质来看就是人员相互工作的过程，人们对组织信息的讨论、共享以及如何处理都是一起协作的过程。反之，信息没有经过有效沟通，它便不能对组织产生作用，所以人在组织中的沟通作用是信息技术无法代替的。

---

① [美]理查德·H 霍尔.组织：结构、过程及结果[M].张友星，等译.上海：上海财经大学出版社，2003：195.
② [美]理查德·H 霍尔.组织：结构、过程及结果[M].张友星，等译.上海：上海财经大学出版社，2003：194.

第二节　信息技术对科层制组织结构的影响

科层制组织之所以能成为普遍受欢迎的组织形式，一个重要的原因是其拥有稳定的组织结构。在工业社会背景下，在组织面临的环境中同质性因素较多时，科层制组织因其稳定的组织结构而受到青睐。但是，在以信息技术为核心的信息社会里，科层制组织结构仅有稳定性是不够的，它必须具有灵活性，以保证对外界环境的反应。信息技术在科层制组织中的应用也促使了其向灵活、有机方向转变，组织结构的变化也是对原组织结构的冲击和瓦解。

一、对组织结构的理解

"结构"原本是生物学中的名词，它表示生物有机体内部各要素的特定安排。组织结构描述的是组织内部各组成部门之间的特定安排和合理配置。"我们可以把结构看作是一个组织内各构成部门或各个部分间所确立的关系的形式。"① 组织结构是组织内部部门之间以及层级之间的相互关系的组合。"当提及一个组织的结构时，通常是指构成组织的那些职位与职群（单位）之间相对稳定的关系。"② 组织结构表明的是组织各部分之间的相互关系，反映了组织的基本架构。组织结构具有稳定性，"组织结构由组织行为模型中相对稳定和变化缓慢的部分构成"③。稳定性是通过组织内部的规则和程序以书面形式固定下来的，所以，规则和程序就成为组织结构的一部分，而且成为非常稳定的部分。根据结构功能主义的观点，组织结构对于其功能具有决定性的作用，功能也对组织结构起着反作用。组织结构在相对稳定时才能从事其管理

---

① [美] 弗莱蒙特·E 卡斯特，詹姆斯·E 罗森茨韦克. 组织与管理：系统方法与权变方法 [M]. 傅严，等译. 北京：中国社会科学出版社，2000：283.
② [美] 杰伊·沙夫里兹，E W 拉塞尔，克里斯托弗·P 伯里克. 公共行政导论 [M]. 刘俊生，等译. 北京：中国人民大学出版社，2011：196.
③ 于显洋. 组织社会学 [M]. 北京：中国人民大学出版社，2001：153.

职能，一个组织发挥功能的有效性直接取决于组织结构，所以组织结构需要保持稳定。就组织结构来说，它本身是一种静态的形式，任何组织的结构都不会在短期内不断地变动。

对组织结构进行静态研究是不够的，"对组织理论的研究却不能停留在对组织结构作出静态的描绘上，而是需要努力地去把握组织结构的生成和变革过程"[1]。只有这样，才不会限于对组织的机械式探讨。传统的机械论坚持的是认识论上的主客二分法，行为个体、单个组织的独立性是组织理论探讨的核心。在组织外部环境不断变化的情况下，我们需要将组织看作一个与环境相互作用的动态过程，需要将组织纳入关系模式中探讨。传统的组织理论探讨的是组织内部结构的稳定性，现代组织理论则更重视将组织结构放置在更大的环境中来探讨它与环境的关系，更强调组织结构的灵活性。从动态意义上讲，组织结构是按照环境要求、围绕特定目标而对组织内部构成要素的合理安排。

对组织结构类型的探讨也是组织理论的重要内容。伯恩斯和斯托克在分析英国和苏格兰电力企业的变革时，提出了机械系统和有机系统的组织理论。他们认为，稳定的组织对应的是机械结构，即传统的等级制度、规章、垂直的信息传递、程式化等。但是，大部分组织处于动态的环境变化中，这就需要有机的组织结构，即强调灵活性、参与性。两种组织结构各有其特定的适应情境。[2]

达夫特总结了研究组织的三种视角：理性、自然和开放系统观。理性系统观点将组织看作实现特定目标的工具，是理性运作的产物，效率、信息、知识、优化是其最常用的术语。这种观点强调的是目标具体化和结构正式化，即目标越具体，组织结构设计就越精确；组织要有正式的结构，有明确的规则规范。韦伯的科层制组织则从属于理性系统观点。自然系统观点认为组织是调整自身适应环境以求生存的社会群体，维护组织自身是其主要目标。他们不仅强调组织的正式结构，而且认为非正式结构对于维护组织的稳定也同

---

[1] 张康之. 任务型组织研究 [M]. 北京：中国人民大学出版社，2009：107.
[2] [美] 杰伊·沙夫里兹，E W 拉塞尔，克里斯托弗·P 伯里克. 公共行政导论 [M]. 刘俊生，等译. 北京：中国人民大学出版社，2011：197.

样重要。开放系统观点从不同的角度对组织与环境之间的关系给予了充分的解释,强调组织内部的复杂性和易变性,以及组织不同要素之间的松散耦合关系。他们认为组织的正式结构往往使其与组织实践相脱离,组织的松散耦合关系则使组织具有灵活性。理性系统一般来说对应的是机械结构,自然系统以及开放系统要求采用更为灵活的有机结构。

亨利将组织模型归纳为三类:封闭模型、开放模型和综合模型。封闭模型和开放模型的差别体现在四个方面:对组织环境的认识、对人类天性的认识、对操控手段的认识以及对组织在社会中的角色和意义的认识。封闭模型认为组织存在于稳定的、常规的环境中,假定大多数人厌恶工作,运用的操控手段是命令、服从、规则、时间等,组织所起的作用是不容置疑的。开放模型认为组织必然存在于一个不稳定的、充满意外的环境中,假定大多数人都喜欢自己的工作,运用的操控手段是公开性、沟通、团队精神、创造性等,组织所扮演的角色是一个与社会相互作用、相互连接的综合体。综合模型本质上以开放模型为起点,但在组织内部工作及其与环境的关系方面强调程式化、理性化。

对组织结构的类型划分表明的是对组织与环境的关系探讨,在不同的组织理论的阐释中,组织有不同的生存目标和处理问题的方式。在科层制组织发展史中,在其成立之初,是将其作为封闭系统来看待的,随着环境的影响的加大,组织的开放性和动态性特征则引起了人们的重视。

二、科层制组织结构的考察维度

组织结构是所有组织研究者关心的问题,对其的研究可以从不同的视角进行,既可以从静态的角度,也可以从动态的角度,还可以从不同的分类标准来考察,所以全面而精确地考察组织结构就变得非常困难。因此,我们通过对组织结构的特征考察来研究组织。对于组织内部的结构考察,瑞尼认为组织结构包括三个因素:中央集权化的程度,主要是指组织权力和权威集中于组织高层的程度;程式化的程度,指的是组织结构和工作程序在多大程度上是正式地由规则条例等明文规定的;复杂化程度,指组织中分支单位的数量、各个层次的数量以及专业分工的数量。① 达夫特认为对组织结构的考察既离不开对组织内部的考察，也离不开对组织的外部关系的考察。他据此将组织结构的考察维度划分为描述组织内在特征的结构性维度和描述整个组织状况的关联性维度。结构性维度包含：规范化、标准化、职业化、权力层级、专门化、复杂化、集权化以及人员比率；关联性维度包括：组织规模、技术、环境、目标和战略、组织文化。罗宾斯认为组织结构包括"六个关键因素：工作专门化、部门化、指挥链、管理幅度、集权与分权、正规化"②。由此看来，组织结构主要包括以下方面：集权与分权、程序化、专业化、管理层次与管理幅度。科层制组织是特定历史环境的产物，其肩负的使命就是以科学的方式安排组织内部各要素以实现高效。所以，如何合理安排组织内部各要素是科层制组织在其产生发展过程中的首要问题。因此，对其探讨就集中在组织内部。那么，对科层制组织结构的考察也主要从其包含的四个方面来进行。

第一，从集权与分权来看，科层制组织是高度集权化的。集权与分权反映了组织内部的权力分配状况，集权表明组织的决策权掌握在少数人手里，通常是组织中的高层；分权表明组织的决策权分布在多人手里，组织中较低层次上的人也拥有决策权。科层制组织按照权力大小形成层级制的金字塔形组织结构，在金字塔顶端的人掌握的权力最大。科层制组织之所以实行高度的集权，反映了它产生的时代特征。随着工业社会分工的细化，社会化程度的提高，以及组织任务的复杂化，需要权力的集中统一指挥，命令沿着自上而下的传递路径可以保证命令的执行性以及工作效率的高效性，由此满足工业社会大型的工作任务。

第二，从程序化来看，科层制组织是以正式规章制度为基础的。科层制组织的组织结构安排和工作程序都是明文规定的，组织内部命令的传达和官员的升迁都是由明确的规章制度规定的。程序化意味着正式化、正规化，正规化的组织对于工作任务、工作流程的规定越详细，正规化程度越高，意味

---

① [美]海尔·G 瑞尼. 理解和管理公共组织[M]. 王孙禹, 达飞, 译. 北京：清华大学出版社, 2002：193-194.
② [美]斯蒂芬·P 罗宾斯. 组织行为学精要[M]. 郑晓明, 等译. 北京：电子工业出版社, 2005：213.

着组织员工的自主性越低，员工的权限越小。通过制度来规范组织，可以使组织活动有章可循，减少组织行为的随意性，同时也剥夺了员工的思想。对于大型组织来说，组织效率是其首先考虑的问题，程式化是保证效率的重要砝码。

第三，从专门化来看，科层制组织注重的是分工。工作专门化的实质是，每个人鉴于专业知识和技能，只能完成一部分，因此需要把工作分成若干部分，每个个体负责其中的一部分。所以，工作专门化就是要求每个人完成一部分工作，而不是全部。工作专门化是当时工业社会大分工的反映，这种工作思路可以应对工业社会相对复杂的组织任务。科层制组织通过将复杂的组织任务分解成具体的单元任务，保证组织任务的顺利完成。分工造就了组织中的管理专家和部门中的技术专家，通过技术规范来应对组织任务，所以组织管理也越来越趋向技术化解决思路，并形成对技术分工的依赖。

第四，从管理层次与管理幅度来看，科层制组织中管理层次与管理幅度明显成反比。管理层次意味着组织的纵向结构，管理幅度意味着组织的横向结构。一般来说，管理幅度越大，管理层次越少，管理幅度越小，管理层次就会越多。管理幅度与管理层次的关系也是衡量组织结构中权力分化的一项指标。科层制组织强调的是纵向的层级控制体系，组织内部通过各种公职或职位权力组织起来，形成自上而下的控制体系。随着信息时代的到来，科层制组织的层级化体系受到挑战。

总之，科层制组织结构中，层级制、集权、分工、纵向管理是其核心特征，而这些特征保证了其完成工业社会的大规模任务。资本主义的发展需要精细化、高效化的管理，科层制组织正是迎合了资本主义的发展需要，因此它在社会中成为一种最基本的组织形式。

三、信息技术对科层制组织结构的意义

（一）信息技术将会促使组织结构扁平化

从组织设计的角度来看，科层制组织的层级制结构是属于管理幅度较窄、

管理层级较多的金字塔形结构，层级制依据的是线性的自上而下的权力链条、命令和控制。这种结构的优点是保证组织的效率，但是其缺点也非常明显，主要表现为：对任何事物都采取常规性的应对措施，对突发事件的反应滞后；部门之间、上下级之间由于沟通的缺乏容易产生矛盾；组织制度的发展具有滞后性，无法随着社会的发展而改变；规章制度的普遍适用性导致对人性的压制和扭曲，人的情感因素被排除；对非正式组织的忽视，压制非正式组织的发展。韦伯的科层制组织通过层级控制可以应对工业社会的需要，但是在组织的外部环境发生变化的情况下，层级制反应的滞后性和不灵活性就暴露出来，"科层制组织不会消失，尽管其灵活性在不断增长。科层制组织模式正在受到要求减少层级结构组织模式的挑战"[1]，组织要想生存下去必须增强其灵活性和适应性，因此，层级制结构亟待变革。

扁平化的组织结构受到信息时代的青睐。扁平化首先是对组织层级的裁减。组织层级是组织结构的纵向设计中管理层级与管理幅度之间的比例，层级的确定需要根据组织的性质来划分，集权结构与分权结构直接影响管理幅度与管理层级。扁平化的最终目的是要建立一个具有灵活性的能反映环境要求的组织形式。扁平化组织结构要求对组织的管理层级和管理幅度作出调整，对组织权力进行重新安排。扁平化的组织意味着组织底层人员拥有更大的权力，也意味着中层管理人员的减少。

"电脑将粉碎金字塔：我们过去创造出等级制、金字塔式管理制度，现在由电脑来记录，我们可以把机构改组成扁平式。"[2] 扁平式的组织结构是随着人们接收信息的便捷需求而出现的，它与金字塔式的层级组织差别很大。在层级制组织中，信息和技术是控制组织成员的手段，而在扁平化的组织中，信息技术只是组织开展合作的技术手段，组织中的任何人同时是信息的使用者和受益者。组织结构的扁平化在信息技术条件下主要表现为两方面。

第一，信息技术的应用扩大了管理幅度。管理幅度就是管理人员直接管理和控制的下属的人数。传统的组织理论认为，上级直接管理的人员越多，

---

[1] Burhan Aykac，Hatice Metin.The future of public organizations[J].Procedia - Social and Behavioral Sciences，2012（62）：468-472.

[2] [美]约翰·奈斯比特.大趋势[M].梅艳，等译.北京：新华出版社，1984：336.

管理效率越低。厄威克认为一个行政领导人员直接管理的下属人数不应超过5人，最多不能超过6人，因为他监督控制的不仅是单一的下属，而且包括下属人员之间的相互关系。在传统的管理环境下，管理者对下属的管理和监督是受当时技术条件和社会条件限制的。事实上，管理幅度的有效性跟管理者处理信息的能力有很大的关系，信息畅通，管理者与下属的沟通就更容易，信息处理手段落后则会阻碍信息沟通。随着计算机和网络平台的应用，管理者处理信息的能力大大增强，利用新的信息技术进行管理变得容易，管理者控制的范围增大，效率得以提高。信息技术使管理幅度增大，相应地管理层级就会减少。

　　第二，信息技术替代了中层管理者在组织中所起的信息传递作用。首先，信息技术改变了信息传递方式。科层制组织是一个等级结构，高层不仅具有决策权，而且对信息掌握也具有决定性的优势。因此，越是高层，掌握的信息越多。然而，信息要传达到基层，需要经过等级层次进行。而且科层制组织的技术手段也影响到信息的传递。"传统的行政模式是伴随着羽毛笔和其后的打字机技术而产生并发展壮大的。这两种技术都是按照草稿吃力地完成一份文件或一份公文。这种技术对严格的等级制度而言是较理想的。打出的文件在得到批准或传递信息时，在等级制度内上传下达，组织设计反映的正是这种情况。"[1] 而信息技术的到来则改变了信息传递状况。信息技术条件下，对于数据和信息的收费费用和管理费用大大降低，管理者利用电脑就可以使信息和文件在自己面前呈现出来，不需要经过等级的层层传递。这样，中层管理者所起的上传下达的作用就减弱了。其次，信息技术对基层人员的知识水平提出要求。科层制组织内部分工明确，组织高层和基层担任的角色差别很大。理想状态下，组织的高层依据源于问题的信息进行理性决策，采用原因决定结果的线性思维作决策，在高层作出全局性的决策后经过组织层级传递给专业化办公室。专业代办公室将其分类细化，然后以规章和书面文件清楚地表述，将其转换为标准的操作程序。然后培训基层工作人员，负责执行这些决策。所以，基层人员并不需要很多知识，只要完成任务即可。而在新

---

[1] [澳] 欧文·E 休斯. 公共管理导论 [M]. 彭和平，等译. 北京：中国人民大学出版社，2001：20.

的组织结构中，不仅要求高层具备相关知识，还要求基层人员同样具备相关知识。现代信息技术可以通过电子邮件、视频等形式联络部门之间和组织成员之间的信息交流与意见表达，组织基层人员也很容易接收信息。在这种情况下，基层人员就需要对接收的信息运用知识进行筛选、分析、判断，而不是在机械自动化条件下只负责机械地执行任务。所以，新技术条件下，当组织高层和基层都要求具备知识时，组织中层所起的加工基层信息和理解高层意图的功能就逐渐丧失了。

组织结构扁平化对科层制组织而言意味着组织效率的提高。"这一新技术一个重要特征在于，它具有通过改革工作从而将组织结构扁平化的能力。管理的层级类型倾向于将行动和思考分割开来，它主要关注的是高层次的控制与首创性。"① 组织结构扁平化可以使组织的高层集中精力关注组织的发展战略、组织政策等方面的事宜，有利于组织进行高效决策。组织基层人员则可以把更多的精力放在执行层面，这样，组织高层和基层职责分明，可以促进组织的整体发展。

（二）信息技术使组织结构由机械式向有机式转变

机械式结构与有机式结构的区别主要体现在：第一，从组织内部各部分之间的关系来说，机械结构中各部分之间的关系是确定的，而有机式结构中各部分之间的关系相对灵活。"在机械系统中，各部件之间的联系对部件的行为构成高度的约束和限制。这种系统的结构相对僵硬，系统中的关系是确定的。"② 而且，机械式组织结构中整体之和小于等于部分之和，系统内部各部分的积极性调动不起来。"在有机系统中，相互依赖的部件之间的联系构成的约束要弱一些，允许更多灵活的反应。"③ 第二，从组织对环境的反应来说，

---

① [加]加里斯·摩根.驾驭变革的浪潮[M].孙晓丽，译.北京：中国人民大学出版社，2002：88.
② [美]理查德·斯科特.组织理论：理性、自然和开放系统的视角[M].黄洋，等译.北京：华夏出版社，2002：101.
③ [美]理查德·斯科特.组织理论：理性、自然和开放系统的视角[M].黄洋，等译.北京：华夏出版社，2002：101.

机械式结构的反应是被动的，而有机式结构的反应是主动的。机械式结构中，由于组织中各部分关系是确定的，所以整体等于或小于部分之和，这样在应对复杂的外在环境时，组织对环境的反应就不能以一种整体的姿态去应对，而是采取局部应对的方式。有机式结构由于组织内部关系的灵活性，组织能够针对环境的不同特质灵活反应，从而使组织处于主动地位。所以，机械模型适合稳定的组织环境，有机模型则适合变动的组织环境。

科层制组织的机械式特征非常明显，组织内部各要素之间的关系是确定的、静态的。组织内部按照权力自上而下的排列方式将组织层级固定化：处于组织顶部的人拥有的权力最大，组织底部的人则权力最小；组织内部的沟通也主要依据权力链条自上而下进行，注重纵向沟通，横向沟通明显缺乏。科层制组织的权力关系和沟通都受规则指导，"受抽象的一般规则的指导，这些规则百分之百地和始终如一地适应于每一种情况"，"原则上拒绝根据不同的情况作出不同的处理"[①]。规则适用的普遍性使组织对外界的反应总是从规则之中寻找答案，所以科层制组织是一种机械式的组织。由此，组织通过权力链条和规则制定将组织置于非常稳固的地位。如果没有外在环境的冲击，组织将永远保持其稳定的特征。在工业社会背景下，由于社会的确定性，科层制组织基本可以应对相对稳定的环境要求。

信息技术的到来使科层制组织面临的环境发生了很大的变化。信息技术的产生使人类处于信息大爆炸之中，信息的增多同样是错误决策产生的原因。信息的增多意味着社会的不确定性增加。信息过多对秩序的影响表现在三方面：一是多导致虚，即很多信息都是对已有信息的重复描述，关键性内容很少；二是多导致假，虚假信息会渗入海量信息中；三是多导致乱，信息技术使原有的管理模式失效。[②]信息的增多使组织处于更大的不确定性之中，在虚、假、乱的信息中如何捕捉关键信息是组织应对环境的基本能力。

在组织的不确定性增加的情况下，科层制组织应对环境的传统方式已无

---

① [英] 约翰·基恩. 公共生活与晚期资本主义 [M]. 马音, 等译. 北京：社会科学文献出版社, 1999：31.
② 阙天舒. 在虚拟与现实之间——论网络空间公共风险的消解与控制 [J]. 公共行政, 2014 (8)：51-60.

法解决问题。在组织与环境的关系中,科层制组织作为机械组织,为了控制环境,它会不断寻求新的控制方式,尽力降低环境的不确定性,减少环境对组织的冲击,从而维持组织的稳定性。为了降低环境的不确定性,组织就会尽力使周边环境保持稳定,这样做的一种可能的方式,就是在组织内部建立与环境特征相适应的专门部门,这些部门必须与环境的具体特征联系在一起。由此看来,科层制组织应对环境的控制方式就是根据环境的不同要求,建立不同的部门来解决相应的问题。环境并不具有同质性,由于涉及不同的内容,包含着众多的因素,它会呈现出多种不同的要求。因此,组织必须满足环境的不同要求才能解决环境问题,这样体现在科层制组织中,就要求建立不同的专业化部门来分别满足环境的不同要求。这种解决问题的方式完全是机械的,这只是在寻找组织结构与环境因素之间的统计学意义上的关联,最终会限于决定论的境地。

"一个组织的结构,对其所处环境的技术或经济的既定要素的适应程度,决定着组织的能力,这一能力使其得以获取生存所必须达到并成功实现的绩效与效力的水平。"[1] 组织结构对环境的适应能力决定着组织的效率。在工业社会环境同质性较高的情况下,科层制组织通过设置专门部门来应对环境,同时加强自身的内部建设来保证组织效率的做法是可取的。但是在后工业社会信息技术的背景下,在环境的异质性较高、充满不确定的情况下,科层制组织已不能保证效率,它必须时刻致力于组织结构与信息技术环境的要求之间,否则就会面临组织效率降低甚至组织解体的危险。

在组织与环境的关系中,组织只有根据环境的特征改变自身结构,才能在变动的环境中得以生存。这说明组织要生存就必须改变组织结构,组织既可能积极寻求结构改变,也可能因环境变化被动改变结构。在信息技术背景下,科层制组织结构改变的被动性特征尤为明显。不论是主动变革还是被动变革,其变革的方向是探寻灵活性,向有机结构转变。组织结构只有具备灵活性和适应性才能使其应对不确定性。灵活性和适应性意味着变化,意味着没有固定的模式遵循。信息技术使科层制组织的沟通方式和协调方式都发生

---

[1] [法]克罗齐耶,费埃德伯格. 行动者与系统——集体行动的政治学 [M]. 张月,等译. 上海:上海人民出版社,2007:136.

变化，意味着组织会采取主动积极的态度应对环境。

（三）信息技术使科层制组织结构由封闭走向开放

传统的组织理论把组织看成封闭系统，随着组织环境的变化，20世纪60年代以来，开放系统的观点更受欢迎。耗散结构理论认为，所有系统都会受熵的作用力的约束。封闭系统中，熵会不断增长，使系统从有序状态发展到无序。但是，开放系统由于能够从环境中吸收能量，会出现负熵现象，熵得到抑制，最终使组织通过对环境的输入与输出转换保持其生命力。卡斯特认为，组织在开放系统的模式下，才能确定组织内外各变量之间的关系。

"一个系统是不是开放实际上取决于系统的边界是如何定义的。"[1]"边界概念有助于我们理解开放系统和封闭系统之间的区别。"[2]那么，组织边界如何定义呢？霍尔认为："边界的概念暗示着有些东西是位于组织之外的——这就是组织环境，当代组织理论的一大研究焦点。"[3]"组织是有相对明确的边界、规范的秩序（规则）、权威级层（等级）、沟通系统及成员协调系统（程序）的集合体。"[4]传统的组织理论往往将组织边界描述成组织与环境之间的界限，边界意味着组织的终止，同时也意味着环境的开始。朱敬恩认为"边界"一词在汉语词典中的意思是地区和地区之间的界限。"界限"一词的意思又有三种：一是"两个地区分界的线"；二是"不同事物的分界"；三是"界限，即某些事物的边缘、尽头、限度等"。[5]根据各位学者对组织边界的界定，可以看出组织边界是其与其他组织和周围环境区分开来的特质或属性。[6]

---

[1] [美]理查德·斯科特.组织理论：理性、自然与开放系统的视角[M].黄洋，等译.北京：华夏出版社，2002：109.
[2] [美]弗莱蒙特·E卡斯特，詹姆斯·E罗森茨韦克.组织与管理：系统方法与权变方法[M].傅严，等译.北京：中国社会科学出版社，2000：131.
[3] [美]理查德·H霍尔.组织：结构、过程及结果[M].张友星，等译.上海：上海财经大学出版社，2003：35.
[4] [美]理查德·H霍尔.组织：结构、过程及结果[M].张友星，等译.上海：上海财经大学出版社，2003：35.
[5] 朱敬恩.组织边界的确定过程[J].江淮论坛，2006（6）：22-28.
[6] 苗俊玲.论官僚制组织边界变化及其实质[J].社科纵横，2017（5）：72-76.

从静态的角度来看，组织边界通常被划分成四类：垂直边界，这集中体现为等级制度的存在；水平边界，即行政组织内部各职能部门的划分；外部边界，行政组织与其他行业的关系；地域边界，行政组织的实体位置。从静态的角度看，组织的边界是固定的，不存在模糊不清的地方。但是从实际来看，组织的边界是变动的、模糊不清的。也就是说，仅从静态的角度来划分组织边界是不够的，或者说将组织边界的确定看成静态的将无法概括组织边界的实质。朱敬恩认为，组织边界是一个动态的过程，它的确定是目标、能力和环境三者逐渐匹配的过程，这个匹配过程使组织边界的确定成为一个动态的流动过程。汤普森认为组织面临的任务环境的复杂性会迫使组织扩展边界来处理相应的事务。在汤普森看来，组织边界一定随着组织任务环境的变动而变化。因此，确定组织的边界是个动态的过程。

科层制组织作为组织的一种，它也是有边界的。从科层制组织的论述中可以总结出这种组织边界的特征：第一，科层制组织内部有明确的权力等级，人员领取固定的薪金，通过考试来选拔官员，生产的产品不以市场价格衡量，这可以说是科层制组织的边界。这使科层制与企业相区别，企业以营利为目的，没有明确的权力等级。第二，科层制组织的边界是较为稳定的。科层制组织边界的存在直接导致了组织的封闭性，也使其与其他的组织形式相区别。

科层制组织边界的存在使其具有自主性和独立性。组织边界实际上就是为组织与环境划定的界限，在边界内部，组织管理具有自主性，它完全按照组织内部的规则来进行；在组织外部，环境的发展也有其自主性。但是，并不是环境的所有要求都会反映到组织中。因此，组织边界起的作用有三个：一是对组织的职能和作用进行界定；二是对环境提供的信息进行过滤；三是缓解环境对组织的冲击。在现代科层制组织的发展过程中，我们看到了对其的种种责骂，政府的超作为、乱作为和不作为现象导致了政府公信力的下降。其实，对政府的埋怨也表明了政府职责范围的模糊，政府对自身的职责范围并不清楚，也就是说政府职责的边界无法准确界定。这说明了在社会环境的多变情况下，将科层制组织作为一个封闭系统来看待已不合时宜，它是一个与外界交流资源和信息的系统，也是随着环境变化而变动其职能和边界的系统。因此,看到科层制组织边界的变化才是理解科层制组织的根本。

其一,信息技术拓展了科层制组织的边界。

信息技术的出现直接拓展了科层制组织的边界,使人们误以为组织与社会之间没有界限了。在信息技术的背景下,它直接冲击科层制组织有形的、实体的边界,使科层制组织边界模糊。科层制组织典型的办公方式是在固定的场所通过固定的人员实现其常态化的运作。但是信息技术的出现改变了政府静态化的工作方式。信息技术在政府内部和外部创造了四通八达的信息网络,政府将重要的信息通过信息网络公之于众,使政府冲破了固定的场所,实现了政府对社会的全方位的渗透。现在人们要了解政府行为的动态不用亲自跑到政府大院来问,也不用通过阅读报纸来找到政府的信息,只要打开电脑,移动几下鼠标,政府办公的一切信息就会映入眼帘。在信息技术出现之前,政府是神圣的,老百姓对政府的了解也是非常少的。信息技术的出现揭开了政府的神秘面纱,使人们对政府的了解逐渐增多,政府的管理者角色转变成服务者角色。政府办公方式的变化或者说人们获取政府信息的方式使人们感觉到靠围墙来圈地的政府边界不存在了。

近年来各地政府门户网站的建立更是实现了政府职能部门办公的一体化。人们只要去政府的门户大厅就可以办理相关的多项业务,这使人们感觉到政府内部"柏林墙"的倒塌。人们常说政府机构内部部门林立,办事效率低下,但是"柏林墙"的倒塌使政府实现了部门协同办公,也就是说政府通过部门边界的拆除实现了整体化的运作方式。这种整体化的运作使人们传递的是持续一致的信息,它打破了原来部门零碎信息的传递,而是以整体的连贯一致的形象呈现在人们面前。在门户网站面前,人们感受到的是一体化的运作方式,感受到的是部门边界的拆除,感受到的是一体化的组织。

其二,组织管理方式的变化带来了组织边界的变化。

科层制组织虽然曾经带来了高效率,并因此成为工业社会政府运作的唯一标准化的组织模式。科层制组织在对社会的管理中采用的是直接管理的方式,即政府直接对公共事务进行管理,并且大包大揽。政府的这种直接管理方式使政府自身陷入琐事之中无法脱身,政府重要的管理和计划职能因此而不能得到有效执行。西欧的福利国家也因政府事无巨细的管理而陷入困境。全世界范围内对科层制组织的谩骂则是因其在效率至上的名义下带来的无效和低效，科层制组织因其管理方式的直接性而使其限于琐碎事务，并在直接管理的过程中丢了效率。新公共管理将矛头直指科层制组织。新公共管理是20世纪90年代发起的一场运动，目的是提高科层制组织的运作效率，减少政府浪费，改善政府形象。新公共管理的核心内容如下：政府掌舵而不是划桨；将公共服务外包给社会；通过信息技术来建立电子化政府；引入企业家精神，讲求效果。

新公共管理使政府管理方式发生了变化。新公共管理引入了竞争机制，将公共服务外包给私人部门或第三方组织，从而为社会提供更好的产品或服务。而政府减少直接生产或者直接提供服务的机会，保留监管者的角色。新公共管理使政府仅保留其核心职能，即决策和监督的职能，服务职能则提供给社会，由有竞争力的组织和个人去承担。"因为要更加依赖承包商做事情，所以政府实际上已经'腹中空空'。"[①] 因此，政府若离开了私营部门和非营利部门，政府活动可能无法展开。随着社会活动的日益多样化，人们对政府的要求也多样化，政府为满足民众多样化的要求也必须更大力度地依赖其他部门，因此，政府需要外包的职能具有越来越多的趋势。政府将其职能外包，直接模糊了组织的边界，本来政府承担的任务现已由第三部门在承担，因此政府的边界不是收缩了，而是在不断膨胀。因此，政府已不限于传统的"政府大院"工作，其边界已冲出固定场所。

其三，组织的任务环境决定了组织边界的调整。

科层制组织有明确的任务导向，尽管组织生存并不是直接以任务为标志，但是任务的存在使科层制组织具有效率。所以，科层制组织的任务导向使科层制组织稳定性增强。科层制组织对于任务的解决是采取程式化的模式，"行政管理理论首先要求对于任务的专门化，继而将它们集合到不同的部门，依据控制范围的原则或者授权的原则来固定责任，然后依据计划控制行动，以

---

① [美] 斯蒂芬·戈德史密斯，威廉·D 埃格斯.网络化治理——公共部门的新形态[M].孙迎春，译.北京：北京大学出版社，2008：44.

便使得效率最大化"①。科层制组织不论任务如何变化，对任务的解决方式都按照固定的模式来进行。

组织只有解决任务，才能维持组织的生命力。科层制组织解决任务尽管有固定的程序，但是这套固定的程序是在社会环境同质化程度较高的情况下产生的，在组织面临的任务环境比较复杂的时候，组织依据固定的程序来解决问题显然就不行了。任务环境"即指那些与目标的设定和实现相关的或者潜在相关的环境组成部分"②。组织的任务执行离不开一定的场所、资源和环境支持，组织为实现其任务必然会向周边环境索取各种资源，组织需要周边环境的供给，但是周边环境并不会主动输送其所拥有的资源。因此，组织必然采取某种方式来实现其目标任务。但是，组织面临的任务环境既可能是单一的，也可能是多元化的。组织的周边环境如果是相对稳定的，组织完成其任务就毫不费力，组织边界就会比较明晰。但是如果周边环境是多元化的，那么意味着组织会遇到比较复杂的情况，组织索要的资源可能是一个环境无法提供的，它需要很多相关的任务环境来支持组织的发展，组织对多元化的任务环境可能无法把控。换言之，它对多元化的任务环境究竟能提供组织多少资源以及是否提供资源，组织自身无法确定。所以在多元化的任务环境中，组织必须根据环境的变化来调整组织的边界，组织既可能使其边界扩大，也可能使其边界缩小，以便组织应对不确定性的情况。

（四）信息技术使组织结构由分工转向合作

组织结构中两个重要的问题是分工与协作。分工就是将岗位按照职能来进行划分，对部门按照功能来划分。但是，仅有分工组织工作无法进行，组织任务的完成是需要部门及人员的协作的。因此，分工与协作都是组织必不可少的。在工业社会分工不断专门化的背景下，科层制组织也是建立在专业分工的基础上，这体现在组织管理的专门化与组织人员的任用方面。首先，

---

① [美] 汤普森.行动中的组织——行政理论的社会科学基础[M].敬乂嘉，译.上海：上海人民出版社，2007：7.
② [美] 汤普森.行动中的组织——行政理论的社会科学基础[M].敬乂嘉，译.上海：上海人民出版社，2007：7.

就组织管理的专门化而言，组织通过设立公职以区别于政治组织。公职人员意味着"要把官场活动看作是某种与私人生活领域有明显区别的事情，公共费用和设备与官员个人的私产是毫不相关的"[①]。工作场所和私人场所的分开是社会大分工的影响，分开的结果就是办公室管理越来越专门化，管理成为一种职业，规则、档案是其管理的凭借。其次，管理者需要具备与此岗位相适应的知识和学问，"这种知识包括法学以及行政或企业管理知识在内"，管理者必须经过相关知识的培训具备相应的能力之后才能任职。科层制组织的管理体现的都是分工原则，分工越专业，科学性越强，它是效率的前提和基础。组织管理只有分工是不够的，还必须有分工之后的协作，这样才能保证任务的完成。科层制组织的整合依靠的是：权力链条、通过自上而下的命令来促使政令畅通、组织内部行动一致。从理论上讲，基于分工－协作的科层制组织保证了组织的效率，但是在组织的运行过程中，效果却不理想。组织内部由于分工造成了管理中的"部门主义"，各部门之间为了自身利益而不顾其他部门利益，最终使组织整体利益受损。同时，组织部门之间缺乏沟通也使协作难以达成。

科层制组织环境的改变也要求协作向合作演变。科层制组织内部的分工－协作体系是工业社会的产物，它是建立在工具理性的基础上，组织通过建立稳定的组织体系和科学化的结构化系统保证组织利益的实现，从而使组织中的个人利益得以最大化。协作只是低度不确定性和低度复杂性社会的产物，在信息技术条件下，组织面临的生存环境已发生改变，高度不确定性和高度复杂性是其特征，协作系统存在的条件已不复存在，所以，组织系统由协作转变为合作已是必然。[②]

信息技术使组织结构网络化，形成网络组织，从而实现了合作的技术条件。奈斯比特将网络组织比喻为一个编结技术不太高明的渔网，渔网有大小不同的结点或网眼，它们彼此之间直接或间接相连。"网络组织是一个由活性结点及结点之间的立体联结方式与信息沟通方式构成的具有网络结构的整体

---

① 彭和平. 国外公共行政理论精选 [M]. 北京：中共中央党校出版社，1997：35.
② 张康之. 从协作走向合作的理论证明 [J]. 江苏行政学院学报，2013（1）：95-106.

系统。"① 网络组织结构中结点对流经它的信息具有处理能力。信息技术建立了点对点的信息传递渠道和沟通方式，建立了信息数据的共享模式。"于是，更多的行为主体共享数据，共享计算能力，通过系统辅助处理，提高了计算精度，同时及时性的提高会导致更好的决策和更有效的协调问题解决，以及更高的处理复杂问题的能力。"② 网络化要求主体间随时进行信息沟通并实现信息共享，它需要的是合作的心理和文化。

很多学者将信息技术看作组织变革的契机，信息技术作用下科层制组织呈现在人们面前的是蜘蛛网式的而不是金字塔式的结构，科层制组织结构也逐渐变成有机结构、开放结构和扁平结构。正如前文所述，信息技术的到来标志着网络社会的崛起，标志着虚拟政府的产生，标志着网络化公共部门的兴起。科层制组织结构发生的这些变化是否使组织性质发生了变化？也有学者认为信息技术改变的只是科层制组织的物质基础，它扩展了科层制组织的沟通方式，加快了组织信息的传递方式，使组织变得更有效率。信息技术为组织结构的重组提供了新的机会，这在组织环境不断变化的社会里起着决定性的作用，组织有可能重新制定规则，其物质组成也可能重新调整，但是组织的根本性质不会发生变化。从科层制组织的实践来看，组织结构扁平化的趋势比较明显，它更注重组织结构的动态性和有机性方面。

第三节　信息技术对科层制组织权威的影响

科层制组织建立之初只注重基于组织制度和职位而产生的正式权威，随着信息技术的到来，随着它在政府组织中的应用，新的权威形式得以产生和发展，由掌握信息技术引致的知识权威、个体权威产生。由此，公共组织原来的由制度权威和职位权威占据主导地位的局面将被打破，进而转变为多种权威并存。同时，科层制组织的原有权威也受到挑战，如何强化和扩展组织权威受到更多关注。

---

① 李维安，等. 网络组织 [M]. 北京：经济科学出版社，2003：79.
② 李维安，等. 网络组织 [M]. 北京：经济科学出版社，2003：94.

一、对权威的理解

权威是政治生活和组织生活必不可少的内容,对它的探讨可谓仁者见仁,智者见智。达伦多夫这样来论述权力和权威的区别:"权力与权威的重要区别在于这样一个事实:权力实质上与个人的个性向联系,而权威则总是同社会地位或角色相连……权力仅仅是一种现实的关系,而权威则是一种合法的关系。"① 权力是一种对他人产生影响的能力,但它可能不具有合法性。权威则是上下级关系中要求下级服从的特性,权威遵从合法性。迪韦尔热对权威的论述强调了其客观性的方面,他认为,权威是反映社会结构的一个要素,在这一社会结构中,每个人都按制度规定承担一定的角色,制度使得处于不同地位的人形成自愿服从的关系,并且服从者认为这样做遵循的是组织规章,具有合法性。显然,迪韦尔热揭示了权威的客观性特征,权威不依赖于个人,而是依赖权威的客观基础。

海伍德对权威的分类具有一定的代表性。他认为:"宽泛地说,权威是一种权力,有时被认为是一种'合法性权力'。如果说权力是影响他人行为的能力,那么权威就是影响他人行为的权利。因此,权威是基于被认可的服从义务,而不是任何形式的强迫或操纵。在这个意义上,权威就是披上了合法性和公正性外衣的权力。"② 他认为,权威既可以作为规范性概念使用,也可作为描述性概念使用。描述性概念,意味着"权威被遵从了",韦伯的界定最有代表性。规范性概念探讨的是权威的应然性基础,也就是探讨权威的合道德性,即统治应该以一种道德的形式表现出来,意味着权威应该得到遵从。规范性概念注重的是权威被遵从的原因,描述性概念注重的是权威被遵从的事实。不管权威是作为描述性概念还是规范性概念,它都指的是一种影响他人的权利。

美国政治学家朗对权力和权威的形式作了探讨,他认为,权力的形式是武力、操纵和说服;"权威的形式可分为五类:强制性权威、诱导性权威、合

---

① 谢立中.西方社会学名著提要 [M].南昌:江西人民出版社,1998:210.
② [英] 安德鲁·海伍德.政治学核心概念 [M].吴勇,译.天津:天津人民出版社,2008:17.

法权威、合格权威和个人权威"①。强制性权威带有消极制裁的特征,诱导性权威则以奖励性的诱导为实现权威的手段;合法权威仅是权力的一种形式,享有权力者按照组织的规定拥有发布命令的权力,相应地,权力服从者则负有服从的义务;合格权威中,权威对象之所以服从是因为其相信权威具有相应的才能或某方面的专业知识;个人权威中,对象服从权威仅仅是由于个人的人品。朗对权威的分类表明了权威的产生不一定完全基于权力,正如布劳对美国社会的调查证明,权威的来源是多样化的,人品、知识、技能、民族、宗教都可能成为其来源。

综上所述,权力和权威是紧密联系在一起的,权力经常借助权威来实现统治的合法性。但二者又是有区别的,最主要的区别是权威披上了合法性和公正性的外衣。权威的来源是多样化的,由此决定了权威的分类也是多种的。就它与科层制组织的关联而言,我们认为,权威的分类主要包括制度权威与非制度权威、职位权威与知识权威、个别权威与集体权威。

二、科层制组织权威的来源

韦伯认为,统治是人类社会的普遍性现象,任何领域都毫无例外地受统治的影响。"统治"是指一个群体里,命令得到服从的机会。统治得以实施的手段是权力,"权力"是指一种社会关系哪怕遇到反抗也能贯彻自己意志的机会,而不管这种机会的基础是什么。韦伯认为,任何一种统治关系都包含着一种最低限度的服从愿望,也就是从服从中获取(外在的和内在的)利益。当然这种利益并非总是经济利益,它可以是纯粹出自习俗,或者情绪或者物质利益关系,或者思想动机的支配。在日常的统治中,习俗和物质利益主宰着统治关系,但是习俗和物质利益毕竟是不稳定的,因此不能成为统治的基础。

依靠强迫性的权力来实施统治也不会长久。因此,韦伯认为,统治的基础在于其是否具有合法性,任何统治都在企图唤醒其合法性基础。"合法性就

---

① [美] 丹尼斯·朗.权力论[M].陆震纶,等译.北京:中国社会科学出版社,2001:26-35.

是人们对享有权威地位的人的地位的承认和对其命令的服从。"[1]"服从"意味着服从者把命令的内容变成他举止的准则，只要形式上的服从，而不去考虑自己对命令包含的价值等问题。统治具有两个基本特征：其一是自觉服从。统治意味着被统治者的服从是自觉的、主动的，统治的合法性在于被统治者的认可、支持。其二是"合法性的信仰"，即某人或某些人服从某种统治的理论体系或意识形态。单纯依靠权力实施统治具有强迫性，只有被统治者的主动服从才能使统治得以长久，要维持长久、稳定的统治，就必须从依靠权力的统治转变为以权威为基础的统治。权威的获取则是通过统治者对被统治者权力来源的"合法性的信仰"来实现的。合法性的信仰为人们提供了统治的正当性依据。

合法性信仰意味着人类行为的自愿基础。为了进一步说明合法性，韦伯将人类行为分为四类：一是情感型行为，这类行为的特点是个人感情或情绪对行为起着支配性作用。二是传统或习俗的行为，个人行为的依据是根据祖先或者习惯。三是价值合理性行为，这种行为包含了伦理的、美学的、宗教的或哲学的信念，它意味着行为本身具有合理的信念。四是目的合理性行为，这种行为意味着行为本身具有合理性，并且实现行为的手段也具有合理性。纵观四种类型的行为，只有最后一种类型的行为"不仅具有合法性，同时也具有客观合理性"。他进一步认为，西方现代社会人们的行为越来越受目的合理性的支配。

通过对历史上所有权威形式的追溯，韦伯发现他们都具有合法性，并将他们划分为三类：一是魅力型权威。韦伯用"卡里斯玛"来表示领导者的人格魅力。魅力型权威来源于个人具有的超自然的或超人的，或者英雄主义的别人无法企及的力量。魅力型权威完全依赖于服从者的自觉承认，它不承认组织规则及程序，因此，魅力型权威是不稳定的，随着领导者的死亡，由个人魅力产生的权威也会随之消失。二是传统权威。这种权威建立在遗传下来的习俗或惯例之上，领导者的权威由习俗或惯例确定。领导权威由于职位的继承而自动获得，在世袭制和封建制的组织里盛行传统权威。三是法理型权威。这种权威的基础是组织章程和制度，法理型权威是资本主义经济发展和

---

[1] 张康之. 寻找公共行政的伦理视角[M]. 北京：中国人民大学出版社，2002：55.

行政管理所必需的。组织成员对组织规则的认同和服从使组织形式合理化，并建立了科层体制的结构。三种权威分别对应三种组织形式。魅力型权威完全基于个人特质，因此不需要行政班子，也不需要规则与规范，追随者与魅力型领导的关系是情感性的。传统权威对应的是传统型组织，在这种组织里，首领或国王的家庭与其职位或行政班子是不分离的，公共财产与私人财产也不分离。法理型权威之下，公务活动和私人活动是分离的，制度规章是所有行为的依据，组织活动因依据规章而具有连续性。

韦伯认为科层制就是建立在法理型权威基础上的，法理型权威是合理性和合法性的统一体。合理性以合法性为基础，合法是指科层制是依据规章和制度来进行统治。合法性统治是需要按照科层制组建行政管理班子，它是统治的最纯粹的形式。在这种组织类型中，行政领导者或者依据选举产生，或者依据委任才拥有合法的权力，他的权力就是其合法的界限。这种行政管理体制在资本主义国家和社会主义国家都具有可行性。科层体制的行政管理都依据知识进行管理，这是其特别合理的地方。韦伯在对现代国家考察之后，发现法制是现代社会的基础，现代国家对契约自由的崇尚与资产阶级的利益追求是一致的。资本主义的发展过程也是以法制的健全为基础的。

科层制组织权威的合法性基础表明了科层制组织在当时的社会条件下需要取得社会的认可。休斯认为，科层制组织首先表明的是，权威是依据法律产生的，法律制度是权威的基础，不是依据法律产生的权威都不应当遵循。科层制组织只承认源于法律的权威。在此基础上，第二条原则是等级制，它或许是韦伯思想中人们最熟悉的内容。等级制说明权威是由占据职位的人享有的，权威依据的是职位而不是职位上的个人。从以上论述来看，科层制组织的权威就包含两个内容：一是制度权威，二是职位权威。

三、信息技术对科层制组织权威的意义

科层制组织的权威是维护其有效运行的基本条件。政府在提供基本公共服务、维持政权稳定方面发挥着不可替代的作用。因此，科层制组织的权威是必要的，"一方面是一定的权威，不管它是怎样造成的，另一方面是一定的

服从，这两者，不管社会组织怎样，在产品的生产和流通赖以进行的物质条件下，都是我们所必须的"[1]。政府权威是其履行职能的前提，没有合法性的权威，就无法得到民众的认可。亨廷顿认为，享有权威的政府才是一个道德的政府，同时也才能更好地履行其职能。政府权威虽是必要的，但是科层制组织建立之初却只注重组织的正式权威和职位权威，而布劳通过调查则认为，科层制组织中非制度权威和个人权威是存在的，很多情况下，组织的正式权威需通过管理者的个人权威来实现。因此，组织中是存在多种权威的。随着信息技术的到来，它为组织提供了多种权威得以实现的方式，使科层制组织中未曾得以发展的制度权威之外的其他权威发展起来。

（一）职位权威转与知识权威并存

在科层制组织中，职位和知识是分离的，职位权威与知识权威也是分离的。组织根据职位设置来安排人事制度，职位是工作开展的基础，由此因职位的具体性和个别性而产生的职位权威也是具体的。职位权威依组织职位大小而定，而与组织中的人无关。职位权威也是一种制度权威，也就是说权威是由组织相关制度赋予的。组织制度通过对权力的规定、对职位的规定赋予了组织成员不同的权威。在科层制组织中，权威被赋予金字塔的顶端，处在顶端的人权威大，处在底层的官员由于受条文规范的束缚多，其自由裁量的空间就小，因此相应的权威也小。科层制组织的权威是职位权威，"权威附着于职位，而不是占据职位的人。但在现代组织中，正式权威并不准确地附着于组织中的职位，而是附着于专家，这是法理型权威的另一种形式"[2]。职位权威与专业知识权威的区别在于：职位权威几乎完全基于个人在组织中的职位，虽然科层制的发展也依赖官员的专业知识技能，但这种技能主要是关于管理的知识，技术权威主要是因其具有的科学知识或专业知识而具有权威。

对科层制组织中职位权威与知识权威的分离，学者们早有论述。彼得斯

---

[1] 中共中央马克思恩格斯列宁斯大林著作编译局. 马克思恩格斯选集：第 2 卷 [M]. 北京：人民出版社，1972：553.

[2] [美] 彼得·布劳，马歇尔·梅耶. 现代社会中的科层制 [M]. 马戎，等译. 北京：学林出版社，2001：72.

的看法具有代表性，他认为，科层制组织中承认的是正式权威，这种权威主要存在于等级结构的顶端。组织中的专业技术一般是处于等级结构的底端成员拥有，专业技术的拥有也并不能产生权威。更重要的是，专业技术并不为上层所重视。权威和专业知识往往是相互冲突的，因为二者倡导的价值观是不一样的。因此，重视权威的上层必然轻视专业知识，而具有专业知识的人往往不具有权威。权威和专业知识在科层制组织中是无法统一的。[1]毕瑟姆对科层制组织权威的看法是，科层制组织的权威与专门知识的权威在韦伯那里没有区分开来。下级的权威主要存在于非正式的组织网络中，他们的专业知识和对信息的掌控是其权威的来源。[2]芳汀认为，信息技术的使用使信息和处于特定角色的个人分离。在某种程度上说，信息是一种权力，这种根本性的结构转移对政府中的权威和权力来说具有重要的意义。

科层制组织建立之初，韦伯并没有意识到技术官员具有的知识权威。但是，随着社会的发展，随着社会问题的复杂化，科层制组织解决问题越来越依靠技术专家的意见。因此，技术专家也越来越多，技术专家因其拥有的技术而受到大家的尊重，由此产生了技术知识权威。信息社会的发展无疑为技术官员的增加提供了更好的机会。信息技术给社会发展增加了更多不确定性，这就使专家咨询变得更为重要和更为经常。这样，科层制组织的权威就由原来的职位权威变成职位权威和技术权威并存。技术知识权威的存在一方面是增加了科层制组织的整体权威，另一方面也使组织的职位权威受到挑战，职位权威具有的神圣性逐渐减弱，而知识权威逐渐成为人们所认同的一种新的权威形式。这样，科层制组织的权威似乎在组织高层和组织基层都具有了，但同时，组织的职务权威的神圣性和严肃性降低了。

（二）个别权威与集体权威并存

科层制组织只重视组织的正式权威，通过组织职务的规定赋予其权力和权威，"每一个官僚组织的正式权威结构都关注职务、职务角色，以及相关的

---

[1] [美]盖伊·彼得斯. 官僚政治[M]. 聂露，李姿姿，译. 北京：中国人民大学出版社，2006：72.

[2] [英]戴维·毕瑟姆. 官僚制[M]. 韩志明，译. 长春：吉林人民出版社，2005：8-12.

正式规则，而不关注处于该职位上的特殊个体"[①]。在信息技术背景下，科层制组织的正式权威受到挑战，组织成员通过各种途径而获得了个人权威。

对于个别权威与集体权威，布劳和梅耶对前人的观点进行了总结："第一，稳定的权威是上级与下属双方理性计算的结果。第二，稳定的权威是使不平等合法化的非理性信念的结果。"[②] 前一个是个体主义的权威，后一个是集体权威。对于个人权威，巴纳德的探讨最具代表性。巴纳德认为，个人权威的维持是需要诱因的。要使权力对个人发生作用，就一定要有个人的同意。但是，下属同意也是有条件的，个体的决定建立在三个条件上：一是组织发出的命令是经过慎重考虑的；二是每个人都有一个不去探究权威而接受命令的"冷漠区"；三是组织的利益诱因使成员形成的态度对组织权威起着重要的作用。巴纳德将组织的诱因分为客观的诱因和主观的诱因。对于巴纳德的诱因提供理论，布劳是不赞同的，他以军队为例，认为命令在下达时，下面会无条件执行，诱因并没有起作用。对于集体权威，事实上就是以合法性为基础。尽管经济报酬或者强制力在权力行使中发挥一定的作用，但是，权威后来则发展为远离个人目标的独立力量。他认为，科层制组织既存在个体权威也存在集体权威，科层制组织的权威是二者相互作用的结果。

随着信息技术的开放，个体的权威随之建立。个体权威建立的方式有两种：一方面，个体因为掌握信息具有权威。维持合法性是政府的目标，因此，政府需要获得必要的信息以解决遇到的问题，并以此保证政府的权威。政府倾向于垄断信息，以保证对社会的控制。但是，信息技术的开放性使组织垄断信息变得困难，信息技术条件下，每个人都能接收和上传信息。因此，信息技术打破了科层制组织的垄断，个人因为信息的占有而具有权威。另一方面，个体因为对知识和技术的掌握而具有权威。布劳和斯科特认为，组织中刚性的规章制度不利于组织成员专业知识的培养，但是组织应对环境的复杂性则对组织成员提出了掌握专业知识和技能的要求，尤其是对基层的组织成

---

① [美]安东尼·唐斯. 官僚制内幕[M]. 郭小聪，等译. 北京：中国人民大学出版社，2006：66.

② [美]彼得·布劳，马歇尔·梅耶. 现代社会中的科层制[M]. 马戎，等译. 北京：学林出版社，2001：74.

员的要求在提高。当组织成员通过学习拥有了一定的职业技能之后，就会威胁到高层的正式权威。布劳和斯科特以军队为例，发现即使在绝对性的权威体制中，上级对下级的控制和管理都有所减少，下级成员的自由度在增加。①信息技术的复杂性要求信息技术向组织内所有成员都开放，这就对组织的所有成员提出了要求，尤其是组织的基层人员不仅会接收信息，更重要的是具备对信息进行解读的能力。那么，组织成员需具备什么样的技能呢？"这要求员工不仅能运用抽象思维进行概念化、分析和推理，还要具备对信息系统模式和关系的理解力以及对过程和职能的判断力。另外，还要对组织及其内涵有深刻的理解。"②组织中基层人员掌握的技术和知识越多，意味着其自我实现权威的自由度也在增加。信息技术的开放性使知识和数据对每个人都开放，只要想学习就可能成为专家。而知识和信息作为一种最普通的实现权威的形式，无疑成为众多人的追求。

（三）制度权威与非制度权威并存

科层制组织的制度权威主要包括组织运行的各种规章制度规定。制度是为规范人们之间的关系而设定的一些共同遵守的制约，具有一定的强制性，通常借助暴力来强迫人们遵守，如果不遵守就会受到相应的惩罚。制度权威具有两个特征：一是非个人化特征。科层制组织的制度权威实际上是通过制度的形式赋予权力以合法性。表面看来，人们遵守的是制度，而实际上人们敬畏和服从的是一种权力。组织制度是组织整体利益的体现，它必须具有代表性。因此，制度是以明确规定的形式出现，它适用于一切情况，不允许有例外发生。所以，制度权威体现的是一种自上而下的遵守和服从，它具有任何场合都不容置疑的神圣性。由此，制度权威不允许组织中的非制度权威的存在，非制度权威会削弱组织的制度权威。二是理性化特征。韦伯认为，法理型权威是科层制组织的权威基础，他通过对社会发展的历史考察证明了权

---

① [美]彼得·M 布劳，理查德·W 斯科特.正规组织：一种比较方法[M].夏明忠，译.北京：东方出版社，2006：210.
② [美]小詹姆斯·I 卡什，罗伯特·G 埃克尔斯.创建信息时代的组织[M].刘晋，等译.大连：东北财经大学出版社，2000：275.

威是理性思考的结果。正式制度是理性设计出来的，其权威被自上而下的强制执行，非正式权威则是从人类的经验演化中形成的。合法性是制度权威的逻辑起点。制度权威使政府管理具有合法性，使政府行为得到民众的普遍认可。政府的制度是为实现人民利益设计的，那么对制度的遵从就代表了对公意的遵从。非制度权威是不依靠组织制度而是依赖管理者的学识、能力、人格等在群众中产生的影响力。显然，组织中是存在非制度性权威的。韦伯对科层制组织权威的论述实际上只承认组织的制度权威，不认可组织的非制度性权威。

在科层制组织的金字塔型权威制度中，权威的分配严格遵从权力的大小，金字塔顶端的人享有极大的分配权力，金字塔底端的人则不享有这一分配权力。科层制组织重视制度权威是当时社会历史条件的反映。"资本主义区别于以往社会的一个重要的标志在于它强化了制度在社会生产以及社会生活中的作用。"在资本主义的制度中，尤其是宪法制度的权威是至高无上的。但是，组织管理中技术的分割、等级制的存在阻碍了组织内部的交流和沟通，这种体制虽然在高层人员中"允许权威依然以疏离他者及保守秘密的方式行使权力"[①]，并且当时没有人意识到这种结构的弊端。但在今天，它正在受到人们的质疑。而且，在组织的管理实践中，非制度权威也发挥了重要的作用。

巴纳德在论述领导者个人的权威时，认为组织中的权威一方面取决于个人的协作态度，另一方面取决于组织的信息交流体系。也就是说："如果一个命令下达给了命令的接受者，命令对他的权威就被确认或确定了，这成为行动的基础。如果他不服从这个命令，就意味着他否认这个命令对他有权威。因此，按权威的定义来说，一个命令是否有权威决定于接受命令的人，而不决定于权威者或发命令的人。"[②] 如果信息交流体系传达不出恰当的命令，人们就会离开组织。信息交流体系是客观存在的，它必须包含三个要素：第一，组织建立的信息交流渠道一旦建立，就要让每个人都明白；第二，保证组织

---

① [法]米歇尔·克罗齐埃.法令不能改变社会[M].张月，译.上海：上海人民出版社，2008：33.

② [美]切斯特·I 巴纳德.经理人员的职能[M].孙耀君，译.北京：中国社会科学出版社，1997：29.

中的每个成员都能通过正式的交流渠道进行信息交流；第三，信息交流的线路要尽可能直接和短。巴纳德认为，领导者权威的建立需要畅通的信息交流系统。信息沟通畅通就意味着管理者的权威得到认可，沟通不畅则会影响组织成员对组织权威的认可。信息技术最主要的特征就是为组织提供四通八达的信息交流渠道，这为组织非制度权威的形成和发展提供了条件。

信息技术对科层制组织权威的影响表现为：它既扩展了组织权威，也使组织的正式权威受到威胁。在人们对正式权威有高度的认同时，组织的凝聚力会增强，组织任务也会顺利完成。当组织通过多种方式来形成多样化的组织权威时，虽然组织中的每一个人似乎都有了权威，但是正式权威的神圣性也遭到了质疑，人们会依据新的权威对现有的组织制度进行重新审视，依据自己的判断来分析问题，科层制组织命令的顺利执行就变得困难。因此，信息技术对科层制组织的权威的影响不得不让人们重新思考组织的新变化及未来的发展。

综上所述，信息技术对科层制组织的核心要素——组织沟通、组织结构和组织权威都产生了很大的影响，一方面是维护了组织的现状，另一方面对组织的核心要素形成了冲击。

第四章　保守与创新意义上的信息技术

从信息技术与科层制组织发展的历史视角和现实状况来看，由于技术和组织发展受很多因素的制约，尤其是当把组织置于开放系统中研究，组织发展不仅受技术影响，还受诸如资源、政策、政治、历史等其他因素的影响，这样对该话题的探讨就变得更有必要。在影响组织发展的所有因素中，似乎技术起到了根本性的作用。"科学技术是第一生产力"的论断明确了技术在社会发展中的作用。技术所起的作用已远远超过了它对人们生活世界的颠覆性认知，10年前的通信技术和网络技术与今天的技术差别很大，技术不仅是引领人们重新认识世界，具有可操作性、实践性的技术，而且也具有改变人们世界观、驱动社会精神文明发展的价值精神。但是，在科层制组织的发展过程中，作为保守意义的信息技术与作为创新意义的信息技术对组织发展的作用是不一样的，或者说科层制组织对信息技术的态度经历了从消极接纳到积极引用的过程。

第一节　科层制组织的技术追求

科层制组织为提高效率，在运行和发展过程中不断追求技术进步，技术治理逻辑似乎掩盖了组织对社会的复杂治理问题。

一、科层制组织产生的技术背景

科层制组织以其技术优势而成为工业社会的普遍组织形式，其技术优势的形成是与资本主义的发展相适应的。工业技术奠定了科层制组织发展的技术基础，科层制组织在管理中不仅吸收了工业技术，而且发展出一套高效的管理技术，为资本主义发展提供了组织支持。

第一，工业技术的发展为科层制组织的发展提供了技术支持。科层制组织的发展与资本主义的发展过程是密切相关的。在资本主义的发展历史中，"科学技术的进步、工业化和科层制的出现是一个整体的运动过程"[1]。这三者的发展是分不开的，它们相互作用，相互影响，共同发展。资本主义的发展与工业化以及科层制的发展具有内在的一致性。

工业革命标志着世界各国工业化的开始，科学技术则成为工业革命的核心要素，工业革命的发展历程也是工业技术的发展过程。工业革命始于18世纪中叶的英国，后传播到其他国家。17世纪，英国还是以工场手工业为主，那时的发明大多都是依靠经验，具有偶然性，发明并没有成为普遍的社会现象。当时对于转向资本主义具有决定意义的是大量的市场需求，各企业为了降低价格，赢得更多利润，把注意力集中在了技术发明与经营方式的合理化方面，"当时所有的发明家皆受如何降低生产成本此一目标的驱使"[2]。为了满足企业规模生产的需要，英国政府鼓励新的发明。1624年英国颁布的《垄断法》是世界上第一部专利法，通过支付发明人费用来获得试用许可的方式，保障了新发明的不断出现。《垄断法》颁布不久，英国在纺织、冶炼等领域就掀起了技术发明的热潮，蒸汽机的发明成为工业革命的标志，它使很多领域取得了突破性的进展。对于技术的发明，如果因发明者的保密得不到推广或者因为滥用而造成危害，这对于国家的发展来说也是损失。技术的发展对组织提出了新的要求。技术的改变对资本的需求增大，手工艺人无法承担这种资金需求；新技术还要求集中生产，也就是要转向工厂；新技术还要求大量的能源，无论是水力还是蒸汽，都不能分散。因此，手工作坊的生产组织形式就变成了工厂这种组织形式。[3]资本主义的大规模生产，为新的发明及其应用提供了场所，同时也刺激人们继续创新。"从1750—1900年，资本主义和

---

[1] 张康之. 寻找公共行政的伦理视角 [M]. 北京：中国人民大学出版社，2012：47.

[2] [德] 马克斯·韦伯. 韦伯作品集Ⅱ [M]. 康乐，等译. 桂林：广西师范大学出版社，2004：162.

[3] [美] 彼得·德鲁克. 功能社会 [M]. 曾琳，译. 北京：机械工业出版社，2007：142.

技术征服了整个地球,并且创造了一个世纪的文明。"[1]资本主义和技术由于其扩散的速度和影响的范围使资本主义变成了"大资本主义"和"资本主义体系","技术进步"转变成了"工业革命"。

第二,科层制组织为资本主义发展所需的管理提供了技术保证。工业革命前对管理的效率、管理的技术性要求很低,经济和社会的发展基本上是静止的、缓慢的,人们的基本需求通过手工作坊就能满足。当时的管理思想主要是局部性的,还没有正式的、成体系的管理思想的社会要求。19世纪末,工厂如雨后春笋般出现,新兴产业不断出现,城市发展速度惊人,这都引发了新的社会需求:铁路运输、城市排水、大众教育等都成为资本主义发展过程中不得不考虑的问题。同时,资本主义在其发展过程中也从原来的单纯追求利润而向更多的社会控制发展。原来的小规模生产方式和管理方式都已不能满足社会发展的需要,社会发展迫切需要新的管理技术和组织形式。于是,科层制组织应运而生。德鲁克认为,对科层制组织及其管理的关注源于19世纪末大型企业组织的兴起,而对组织的研究,一直都基于这样一个假设:有或应该有一种正确的组织机构。资本主义经济发展需要有严格的、稳定的、精细的管理,正是这种需要使得创立体系化、正规化的管理模式成为形势所需,科层集权组织因其具备的正规化、精细化等特点成为大规模管理的组织形式,并且发挥了极大的社会作用。科层制对资本主义的发展作出了非常大的贡献,唯一能促成资本主义发展的,就是以"专门的官僚阶层与合理的法律为基础"[2],"没有了科层制度,资本主义确实不可能发展"[3]。

科层制组织的大规模经营、稳定、严格的制度、可计算性等都是资本主义发展所需要的。工业资本主义需要大规模经营,在资本越密集、固定资本所占比例越高的情况下,大规模的经营才能满足社会的大量需求。大规模生产最需要的就是可计算、可预测,否则会造成巨大浪费和损失。因此,资本

---

[1] [美]彼得·德鲁克.功能社会[M].曾琳,译.北京:机械工业出版社,2007:139.
[2] [德]马克斯·韦伯.韦伯作品集Ⅱ[M].康乐,等译.桂林:广西师范大学出版社,2004:166.
[3] [德]马克斯·韦伯.韦伯作品集Ⅱ[M].康乐,等译.桂林:广西师范大学出版社,2004:319.

主义的社会需求需要新的企业组织形式，原来的手工作坊已无法满足大规模生产的需要，企业科层制组织首先发展起来，科层制组织最显著的特征就是可预测性。韦伯认为，从纯技术的观点来看，纯粹科层制的行政组织一定会获得高效率，而且这种组织是最为理性的，在组织的稳定性、纪律性等方面，它都优于其他的组织。因此，不论是组织领导者还是组织成员都能计算组织的行动后果。所以，资本主义经济发展所需要的大规模生产必须由科层制组织提供各方面的保障。"否则，对大规模经营而言不可或缺的计算性，即无从得到保障。"[①] 所以，能适应资本主义大规模生产需要的唯一的组织形式就是科层制组织。

同时，资本主义也为科层制的发展提供了货币经济基础，使科层制组织的管理具有持久性。货币经济将收入与支出通过定量计算的方法来表示，这就为科层制组织的绩效预算奠定了基础。货币经济可以通过为组织成员支付现金薪金的方式来督促人们努力工作，现金薪金支付不同于这之前的科层制，埃及、中国和罗马则是以实物来支付报酬。定期支付薪金使雇员对组织既有依赖也有自由。这种依赖和自由使雇员既能很好地履行岗位责任，也能激发他们的创造性。相对于以实物支付报酬的管理方式而言，这种方式使管理更具有持久性，并且具有激励性。虽然薪金支付和科层制组织二者各有不同的历史，但是二者的结合无疑促进了对方的进一步发展。

伴随着资本主义的发展，企业科层制组织内部的专业化不断增强，而且，伴随着企业规模的扩大，所有门类的专业人员，如科学家、经济学家、心理学家、律师等都被吸纳到组织中来。国家科层制由于必须具备对应于企业科层制化的各种组织的功能，所以要吸纳比企业更多的专家，由此，国家科层制的专业化与技术化的倾向也越来越明显。哈贝马斯认为："自19世纪的后25年以来，在先进的资本主义国家出现了两种引人注目的发展趋势：第一，国家的这种干预活动必须保障资本主义制度的稳定性；第二，科学研究和技术之间的相互依赖关系日益密切，这种相互依赖使得科学成了第一位的生产

---

① [德]马克斯·韦伯.韦伯作品集Ⅲ[M].康乐，简惠美，译.桂林：广西师范大学出版社，2004：241.

力。"① 国家科层制担负着越来越多的功能，这要求其管理越来越科学化，只有吸纳先进的技术才能有科学的管理方式。随着资本主义的进一步发展，需要理性规避经济风险，保护资本主义的利益，稳定秩序，因而，必须建立强大的政府。

就科层制组织的社会效应而言，韦伯认为它是最难摧毁的社会结构之一，要消灭这种组织的想法就如同乌托邦。休斯认为，科层制组织在20世纪初就已形成，并且从1920年代起，大概在50年的时间内都没有大的变化。因此，科层制组织的价值中立适合于任何组织，它也被认为是具有永久性的组织模式，"早期的实践者们对他们的理论非常自信和放心，最重要的是，他们相信，改进政府及其行政为改善所有人的生活带来了希望。公共行政在其黄金时代是一种可尊敬的和令人满意的事业，因为政府和公务员给人以改善社会的希望"②。布劳和梅耶在对美国社会作了深入考察之后，认为科层制不论是在工商界还是在政府都在继续发展，尽管其发展的速率有所降低，但是组织的科层化变得如此普遍，以至于很难找到科层制的替代形式。奥斯本认为，科层体制在其走过的岁月里的确起了重要的作用，只要工作任务简单，环境趋于稳定，这种体制便能发挥作用。③

二、科层制组织的技术理解

给技术下一个定义似乎是非常困难的。技术在不同的学者笔下有不同的解释。一谈到技术，首先想到的是作为物质形态的具体的技术装置、器械和工艺。但是，如果对技术的本质作进一步研究的话，就离不开对其技术背景的探讨。不同的学者从不同的背景出发将之划分为不同的类别，而从技术的

---

① [德]哈贝马斯. 作为"意识形态"的技术与科学[M]. 李黎，郭官义，译. 北京：学林出版社，1999：58.
② [澳]欧文·E 休斯. 公共管理导论[M]. 彭和平，等译. 北京：中国人民大学出版社，2001：38.
③ [美]戴维·奥斯本，彼德·普拉斯特里克. 摒弃官僚制——政府再造的五项战略[M]. 谭功荣，译. 北京：中国人民大学出版社，2001：18.

一般意义来说，在组织中有管理技术，在更广阔的背景中，就是社会技术。

卡斯特在分析组织时，将组织中的技术分为社会技术和行为技术。社会技术是一种复杂技术，"指的是将系统的投入转变成产出时所应用的复杂技术"①。他认为装配线和计算机控制的工具是机械技术，大型公司、专业协会、医院或会计师事务所等则代表的是社会技术。行为技术是指如敏感训练、事务分析和行为修正等方法，组织运用这些方法来直接影响组织中的人和群体。卡斯特认为组织运用的技术也是一种复杂的社会技术。"一个组织的技术应该指其将输入资源转化为产出整个过程中的信息决策和沟通系统、机器设备、工艺以及流程的总和。其核心是组织如何将输入转化为产出的整个过程的问题。"②显然，卡斯特认为组织最核心的技术是社会技术，但也包括机械技术。

法默尔在谈论公共行政的技术时，指出了将其分别作为科学技术和社会技术来看待的区别。③一方面，公共行政作为科学技术，这里的技术是指客观的事实，可以理解为原始数据。科学开始于客观的事实观察，讲究实证，排除价值判断，这样公共行政就会陷入科学与伦理的矛盾。另一方面，公共行政作为社会技术，这里的社会技术是由管理系统工程学和社会系统工程学构成。公共行政作为社会技术必然会遇到边界的限制，因为公共行政所需要的信息和技术都超出了公共行政学科的范围。将公共行政仅作为管理系统工程，它强调的是对方法的应用，所以它使用的技术有限，遇到的难题较少，而且其研究范围较窄。作为社会系统工程学，必然会遇到边界的问题，它可能受到经济、政治、社会学等超出其学科范围的内容和技术的影响。所以，科层制组织作为公共行政的实施主体，其所应用的技术必然既包括了物质技术也包括了社会技术。

全钟燮在论述公共行政时对公共行政的技术作了总结：在传统的意义上，

---

① [美]弗莱蒙特·E 卡斯特，詹姆斯·E 罗森茨韦克.组织与管理：系统方法与权变方法 [M].傅严，等译.北京：中国社会科学出版社，2000：280.
② 文竹.论组织结构的影响因素 [J].科技资讯，2008（23）：250.
③ [美]戴维·约翰·法默尔.公共行政的语言：官僚制、现代性和后现代性 [M].吴琼，译.北京：中国人民大学出版社，2005：152.

公共行政要么被视为科学，要么被视为艺术。当将其视作科学时，它主要讲究对科学方法以及定量的应用；当将其视作艺术时，它主要强调管理技巧、沟通技能、协调方式、问题解决和决策制定的技术。[①]现代的行政管理活动则既强调科学性的一面也强调艺术的一面。汉纳根对科学与艺术作了进一步的解释，他认为，科学管理方法的特点就是利用不同领域专业人员的团队分析解决问题，制订行动方案。这种方法的最大贡献就是建立起分析数据的模型，以此来分析问题。20世纪后期，随着电脑技术的长足发展，这种解决方式的重点转向决策和计划的量化模型与评估决策的有效性。20世纪60年代，人们普遍的观点是所有事物都可以被"测评"，这种趋势占据了管理的主流。将管理视为艺术，意味着不存在适合每种情况的普遍性的方法，管理者要因时因地处理组织中的各种具体问题，更强调管理的灵活性。管理活动是一种观念的综合，管理者必须具备灵活的管理技巧，将管理视为艺术。由此可见，全钟燮和汉纳根认为，公共行政所使用的技术既包括科学的工具和分析方法，也包括组织中的协调、沟通、决策等社会技术。

从学者们对公共行政技术的探讨可以看出，组织应用的技术实际上不仅包括对工具和分析方法的应用，也包括公共组织在管理中所使用的管理技术。因此，组织的技术可以从三个层面上探讨：第一，作为物质形态的机械技术，具体表现为能支撑组织发展的工具、器械等。第二，作为人类精神活动结果的科学技术，主要指自然科学取得的成果。第三，管理技术，即组织将投入转变成产出的技术，包括各种管理技巧。

韦伯在论述科层制组织所使用的技术时，也是从广义的角度来说的。韦伯认为，科层制组织应用的技术是"合理的"，那么就是可用的。"合理的"技术包含三层意思：其一，"合理的"技术包含着科学性的要求。"'合理的'技术意味着应用有意识地和有计划地以经验和深思熟虑为取向的手段，在最合理的情况下，则是以科学的思维为取向。"[②]其二，"合理的"技术有一个衡量标准："用力最少"，亦即"与所应用的手段相比，达到最大的成果"。组

---

① [美]全钟燮.公共行政的社会建构：解释与批判[M].孙柏瑛，等译.北京：北京大学出版社，2008：58.

② [德]马克斯·韦伯.经济与社会：上[M].林荣远，译.北京：商务印书馆，2006：87.

织采用的技术手段必须是最经济的，以最少的投入获得最大的产出。由此可见，只要符合这两个衡量标准的技术都是"合理的"。其三，"合理的"技术意味着对新技术的采用。"'技术问题'的存在总是意味着对最合理的手段的怀疑。"[1]"合理的"技术使技术具有相对性，当前合理的技术并不意味着它具有永远的合理性，技术在此时具有合理性未必在彼时具有合理性。

根据"合理的"技术要求原则，科层制组织在其发展过程中吸收了一切对其发展有利的技术。首先，科层制组织吸收了作为物质形态的机械技术，"从基本上是技术的因素，特别是现代的必须按公有经济进行管理的交流手段（公众的陆路和水路、铁路、电报等），作为官僚体制化的开路先锋，也要加以考虑"[2]。其次，科层制组织吸收了科学技术。资本主义企业的现代理性组织在发展过程中有两个重要因素是必不可少的，其一是家庭与工作场所的分离，其二是合乎理性的簿记方式。这种簿记方式主要依赖现代科学的发展，现代科学尤其是自然科学的精确性和理性为其提供了来源和依据。最后，科层制组织的技术也包括将投入转变成产出的复杂技术，可以理解为管理技术。科层制组织作为一种现代组织形式，它必然有一套相对成熟的管理体制和管理技能。科层制组织正如机械化生产，追求精确、速度、效率、档案管理、服从、保密等，衡量组织绩效不仅要看其是否使用了客观的技术手段，还要看其如何管理，只有具备完备的管理形式才能产生效果。由此看来，科层制组织在其发展中吸收了有利于组织发展的一切技术。

三、科层制组织技术化的影响

科层制组织吸纳各种技术是为了保证提供高效的生产和服务，因此，技术成了效率的代名词。科层制组织在不断地吸收新技术的过程中，使其局限在技术发展的思路上，结果给组织管理带来了困难。将技术应用到极致，则会导致事物向反方向发展。

---

[1] [德] 马克斯·韦伯. 经济与社会：上 [M]. 林荣远，译. 北京：商务印书馆，2006：87.
[2] [德] 马克斯·韦伯. 经济与社会：下 [M]. 林荣远，译. 北京：商务印书馆，2006：295.

(一) 造成了技术主义的依赖路径

科层制组织在其发展中以技术为导向，带来了高效率，而对技术的强化，则形成了技术主义的依赖路径。费埃德伯格将组织的技术依赖路径归纳为三点：首先，将问题技术化。亦即将组织的功能性问题最终还原为技术问题，主张用技术性的方法解决功能性问题。所以，组织的问题仅是维修养护问题、计算机出错等。其次，将解决方案技术化。组织问题经由技术专家鉴定后，再由各领域的技术专家提出解决方案。在这种解决方式中，组织面对的是各类技术专家，技术专家提供的方案无非是从别的组织或者别的国家那里借鉴来的。最后，变革工具的技术化形式。这种变革不仅仅是对新工艺或新技术的采用，更重要的是新工艺或新技术在组织中的运用赋予组织以活力，改善了组织的沟通效果，增强了组织的权威，提高了组织的绩效。由此看来，技术在组织中的作用是非常强大的。将组织问题还原为技术问题，通过技术化的方案就可以解决一切问题，新技术的产生则赋予了技术专家更高的权威性，使组织充满活力。张康之把科层制组织对技术的具体应用作了总结："作为日常工作基本内容的信息收集、整理、归纳等，也有着相应的技术支持；在提出可行性决策方案时，需要听取内部和外部专家的咨询意见，力求做到科学。总之，在组织运行的每一个环节中，都努力做到对专业知识的运用；在关涉组织目标以及组织目标实现的每一项行动中，都注重对技术手段的应用。"[1]

科层制组织的技术追求无疑是为了提高工作效率，这也体现了工业技术的要求。工业革命最大的收获就是把"一切活动的目标都变成以最短时间最少耗费产生最大的收益"[2]。借助科学和技术的手段可以给组织带来巨大的成功，为了获得更大的收益，必然去寻找更为先进的技术手段。组织技术化最显著的效果是使组织的工作方式得以改善。比如技术的专业化会使组织工作的物质资料、技术工具得以改善和提高，"专业化的过程造成了行政方法上的

---

[1] 张康之. 寻找公共行政的伦理视角（修订版）[M]. 北京：中国人民大学出版社，2012：92.

[2] [德]F 拉普. 技术哲学导论[M]. 康荣平，等译. 北京：中国人民大学出版社，2002：48.

巨大变化"①。现代行政不同于古代行政最明显的区别表现在：二者所依赖的设施及对专业知识的要求的差别。古代行政需要的是抄写员，现代行政则依靠电脑记录。组织技术的更新使人们从繁重的手工劳动中解放出来，并创造了极高的劳动效率，为组织向现代化发展提供了技术支持。

技术主义的依赖路径使科层制组织进一步崇尚科学。科层制组织对效率关注的强化导致了人们更加理性地组织管理活动。为使管理过程变得具有客观性和可预测性，求助于技术专家运用专业知识从事设计过程成为组织理性设计的方法。这样，从事组织管理的学者和实践者就专心致志于那些提高组织管理技术的科学知识。由此，他们将公共行政看成一个领域，在这个领域中，人们需要应用科学的方法对各个环节进行测量，应用科学的方法来改进管理，应用科学的方法来决定该做的事情。②因此，组织管理就变成了科学，科学的手段是测量工具、量化指标，这样，组织管理过程借助于技术专家的科学知识就成了可控的活动。

技术主义的依赖路径也造成了专家治国的局面。现代行政官员的标志是掌握了专业的科学知识。科层行政系统之所以优越，主要是因为专业知识起了重要的作用，专业知识建立在科学的基础上，与以前的经验判断有着很大的差别。在现代社会科技和社会分工不断发展的情况下，专业知识变得越来越重要，官员因其掌握的专业知识而成为技术专家。技术专家的权威通过两种方式来确立。首先，"浓缩的、集中的、建立于科学之上的专家知识，不同于传统的、由社会传播的技能，这种专家知识用于处理手头任务时能达到精确性、决定性和激进性"③。技术专家拥有的知识是建立在科学的基础上，科学认为，知识的可靠性是通过科学方法获得的，它是经得起实践的论证和检验的。所以，专家拥有的建立在科学之上的知识是客观真实的知识。而"科学的目的之一就是作出可靠的预测，消除不确定性，以及通过技术使自然受

---

① 彭和平.国外公共行政理论精选[M].北京：中共中央党校出版社，1997：46.
② [美]全钟燮.公共行政的社会建构：解释与批判[M].孙柏瑛，等译.北京：北京大学出版社，2008：70.
③ [英]齐格蒙特·鲍曼.现代性与矛盾性[M].邵迎生，译.北京：商务印书馆，2008：323.

到控制"①。这样，技术专家因其科学知识而树立权威，他们可以通过科学知识来对组织问题进行诊断和提出技术性的解决办法。其次，专家在解决问题的过程中不断发明新的技术。"专家知识的某一特定领域越是变得集中、专门化和自治化，新的技能就更有机会被发明出来。"② 由于专家长期对某问题的关注，在这方面的知识和经验越来越多，这就促使该问题的解决方法中包含的技术含量越来越高。所以，新的技术知识的应用使解决问题的技术化程度也不断提高。

技术主义的依赖路径不仅使组织崇尚科学，而且造成了组织的目标移位。科层制组织借助于技术工具无疑使组织管理取得了成效，但是这样会使科层制组织将所有出现的问题归结为技术问题。比如问题没解决好，它会增加专家的人数，以期加大对问题诊断的科学力度；针对新公共行政的质疑，它会给民众增加相应的沟通渠道，以扩大民众参与；针对效率低下，会大力引进信息技术，提高办事效率。科层制组织解决问题的思路限于技术主义的路径，也就是说一切问题的起因都使组织从技术的角度来考虑，如果问题还解决不了，组织会寻求更加高超的技术。这样，组织围绕目标寻求采用的技术，技术是实现目标的手段，但当组织追求技术主义的依赖路径后却使组织的技术追求成为目标，目标要围绕技术来修正，这样一来，目的就不再决定手段，反而是现有技术手段决定目的。

（二）造成了管理中的分割思维

科层制组织建立在分工和专业化基础上，由于其内部的权力层级结构和部门功能划分，使每个部门都处于相对独立的状态，这也是一种职权、责任、部门、主体被分割的状态。卡蓝默对这种治理体系表示了担忧。现代治理体系正如被分割的科学与生产体系一样，科学及生产被划分为不同的领域，每一领域有不同的研究内容和生产方式。治理也遵照科学的方法被划分为不同

---

① [美]怀特，亚当斯.公共行政研究——对理论与实践的反思[M].刘亚平，高洁，译.北京：清华大学出版社，2005：182.
② [英]齐格蒙特·鲍曼.现代性与矛盾性[M].邵迎生，译.北京：商务印书馆，2008：323.

的领域，部门之间要分割、职权要分割、责任要分割。分割的目的是明晰职责、更好地发挥部门的作用。然而，任何分割都是对关系的疏离，当问题需要跨部门解决、需要行动者之间的合作时，这种治理体系的弊端就暴露出来了。[①]因此，组织技术化的追求必然是对分割思维的延续，分割使人们只关注手头的任务，而不去关注由于专家行动相互影响形成的技术系统。系统注重的是行为主体之间的相互作用、相互影响，而技术专家擅长的是"其分裂的技能，即将自然系统分裂为数目日益增加的、愈易细小的因而愈容易驾驭的任务"[②]。

工业社会崇尚的是分割化的思维，"当我们面对复杂问题时，总是习惯于将其分割成可以处理的片段来思考，然后加以整合"[③]。这种先分解后整合的方式，对于解决复杂的问题也许是比较好的办法，可以降低解决问题的难度。但是，经过拆分之后，系统中的各要素之间的相互关系及其产生的效果将变得没有意义，而要素之间的相互关系有时需要一个长期的过程才能看到其具体效果。所以，这种分割思维就是一种线性的简单分解。彼得·圣吉认为这种分割思维将使我们承担忽略系统整体发展的后果，我们将无法在更大更全的整体中把握事物发展的方向。

分割化的思维忽视了对综合分析方法的应用。综合性的方法意味着对管理中流行思维的抵制，即先将组织还原为技术问题，将组织目标进行分解，然后通过具体的技术部门来解决组织问题。科层制组织依据不同的职能划分为不同的部门，被划分的部门执行相应的职能，它们都有其存在的特殊方式，每个部门各有自己的语言、技术与工作方法，而且每个部门都将既定的问题转化为自身的语言与技术，并利用它对于问题的诸种分割以及可行的方案来解决问题。科层制组织部门的设立及解决问题的方式都是分割技术的应用。

---

① [法]皮埃尔·卡蓝默.破碎的民主[M].高凌瀚，译.北京：生活·读书·新知三联书店，2005：11.
② [法]皮埃尔·卡蓝默.破碎的民主[M].高凌瀚，译.北京：生活·读书·新知三联书店，2005：11.
③ [美]彼得·圣吉.第五项修炼——学习型组织的艺术与实务[M].郭进隆，译.上海：上海三联书店，1998：3.

在科层制组织众多的部门中，如何协调以及如何对之进行综合就是摆在组织面前的问题。

事实上，组织的任何一个问题都不是纯技术的问题，都不能简单通过分解就能解决，而且也没有哪个问题是通过还原论的方式就可以解决的。只要技术在组织中开始应用，技术所引发的效应就会牵涉到别的领域。技术对组织的"每一种干预都会带来超越有限的纯粹技术性领域的诸种更大的结果，无论技术性的考虑以及目标如何成为这一干预的中介"[①]。所以，将组织问题还原为个别技术问题，就是在寻找技术与组织的直接对应关系，而将影响二者相互作用的其他因素都给忽略掉了。

（三）造成了组织管理的碎片化

早期的科学管理思想为科层制组织的建立提供了技术支持。泰勒的科学管理虽是在工业领域发起的，但是他主张按照科学的方法从事生产，组织内部科学地分工，科学地挑选和培训员工等思想奠定了管理学的发展基础，管理一开始就注重通过技术而产生效率。法约尔进一步提出了管理的十四项原则和五项职能。"行政管理中的诸多技术性问题由于泰勒和法约尔的贡献得以解决"[②]，之后的组织理论家如古利克和厄威克则进一步探讨了组织建立的原则和原理。这一时期提出来的科学管理的思想则为公共行政的发展奠定了管理基础，这使作为公共行政管理主体的科层制组织也把技术化追求作为其一以贯之的主题。科学管理的技术就是分工和专业化，到19世纪末20世纪初，一群工程师采用科学方法来杜绝组织中存在的浪费，并致力于提高效率，他们通过科学预算、成本控制及相应的激励办法的应用收到了很大的成效。但是，对科学的应用也进一步加剧了组织的分工和专业化倾向。[③]

碎片化的组织管理源于工业社会的专业分工，分工越细，管理的内容也

---

① [法]埃哈尔·费埃德伯格. 权力与规则[M]. 张月，等译. 上海：格致出版社，2008：385.

② 张康之. 公共行政学[M]. 北京：经济科学出版社，2010：29.

③ [法]拉塞尔·M 林登. 无缝隙政府[M]. 汪大海，等译. 北京：中国人民大学出版社，2002：24.

越精细化，组织管理也越来越"碎"。可以说，组织管理的碎片化程度伴随着社会分工的细化而不断提高。碎片化的管理有其悠久的发展史。科层制组织建立之初就遵从科学和分工之路，通过对组织内部的权力和职责划分使组织管理更具有合理性，科层制组织的技术化追求促进了组织内部的分工细化。"官僚体系内部亦会不断地再分工及更专业化发展，进而形成科层体系内部的隔阂，各机关组织朝向分立方向发展，组织关系便呈现'碎裂化'的状态，'韦伯式问题'实导向碎裂化问题。"[1] 从科层制组织的运行实践来看，管理的碎片化表现在两个方面：一是每个部门各管一摊。职能部门是根据其承担的职能设立的，每个部门都承担其相应的管理和服务职能。二是解决问题的独特性。组织解决问题的方法也各不相同，每个组织都有自己的"语言"，通过自己的方式和方法处理组织问题。组织管理的碎片化带来了严重的后果。其一，部门林立，机构众多。政府部门的设立是基于职能的，然而在管理中随着旧有职能的撤销、转变以及新职能的建立，部门并没有作出相应的调整。由此，使管理部门混乱，职责难以界定。其二，使组织协调难以进行。各部门只对自己的管理范围负责，对于需要各部门共同协作解决的总体性任务则没有积极性。而且，部门之间的"语言"差异也使组织沟通难以进行。总之，组织管理的碎片化使组织整体效率被分割成部门效率，整体效率降低。

组织的技术化追求曾经带来了组织发展的黄金时期，之后其弊端也逐渐暴露。为了提高组织效率，新公共管理提出了很多新的管理方法。奥斯本和盖布勒主张"摒弃官僚制"，用企业家精神改造政府，用分权来代替科层制的集权，主张参与式的管理，通过组织层级的扁平化亦即建立团队等方式实行真正的分权。新公共管理的目标是提高效率，在政府组织中引入市场化的运作方式，主张重新界定政府职能，这样就会带来组织的高效。奥斯本提出十项再造政府的原则，彼得斯提出四种政府发展的模式，其创新性的提法都要求政府作出变化，但是政府的主导地位依然不变。[2] 因此，新公共管理依然是在分工的基础

---

[1] 叶托，李金珊，杨喜平. 碎片化政府：理论分析与中国实际 [J]. 中共宁波市委党校学报，2011（2）：42-48.

[2] 谭海波，蔡立辉. 论"碎片化"政府管理模式及其改革路径——"整体型政府"的分析视角 [J]. 社会科学，2010（8）：12-18.

上对政府进行的修修补补,它遵循的仍是分割化的思路,建立更多的部门和机构。新公共管理的主张其实是促进了组织分工,它并没有将组织作为一个系统、一个整体来看待,最终结果是促使组织管理进一步碎片化。

20世纪90年代,基于科层制组织以及新公共管理造成管理的碎片化,英国学者希克斯在《整体政府》一书中提出"整体性治理"的治理理念,主张政府内部横向、纵向以及政府与非政府组织的沟通和协调,主张"将支离破碎的部分重新整合,并且学习以一种整体全盘的方式进行组织"[①]。整体性治理主张对传统的治理理念进行重塑,着眼于政府内部机构和部门的整体性运作,主张管理从分散走向集中,从部门走向整体,从破碎走向整合。[②] 他们为顾客提供的方式简单灵活,并且一步到位,这与科层制组织基于项目分割进行功能的划分不同,科层制组织划分的结果是产生了高度分化的组织,造成了部门林立,组织内部及组织成员之间缺乏沟通。整体性治理一反科层制组织的碎片化管理方式,主张进行一体化的管理和治理。各地的行政服务中心就是打破管理碎片化的一种管理实践,它是集信息与咨询、审批与收费、管理与协调、投诉与监督于一体的综合性行政服务机构,有效破解了条块分割带来的审批部门化和服务碎片化问题,真正体现以公众需求为导向的服务宗旨。

第二节 科层制组织对信息技术的应用

信息技术在科层制组织的应用要求组织也随之变化,组织对技术的态度有保守与积极之分,不同的态度影响了信息技术在组织中的吸纳时间和应用进程,从而也影响了组织变化历程。随着信息技术带来的组织高效率,各国政府组织对技术的态度变得积极,通过各种方式来推动信息技术的应用。

---

① [法] 拉塞尔·M 林登. 无缝隙政府 [M]. 汪大海, 等译. 北京:中国人民大学出版社,2002:18.
② 竺乾威. 从新公共管理到整体性治理 [J]. 中国行政管理,2008(10):52-58.

一、信息技术发展对科层制组织的要求

马克思指出:"社会关系和生产力密切相连。随着新生产力的获得,人们改变自己的生活方式,随着生产方式即保证自己生活的方式的改变,人们也就会改变自己的一切社会关系。手推磨产生的是封建主为首的社会,蒸汽磨产生的是工业资本家为首的社会。"[1] 生产工具的变革会带来社会关系的变化,进而引发社会结构的变化。信息技术作为社会发展过程中的生产工具,其对社会的影响是深刻的。

组织作为社会发展中的一个分析单位,必然会受到技术工具和技术手段的影响。对组织而言,技术变化一定是离不开组织的支持的。技术总是在一定的社会组织形式中存在和发展的,或者说技术本身就是一种有组织的活动,如手工业作坊、手工业工场和作为机器集合的工厂,就是这样的组织形式。在 SST 看来,技术和组织甚至不能完全被分离开来考察,因为社会及环境的组织方式影响其典型的价值模式,从而也影响技术在其中变化的性质,影响着技术创新活动的效率。[2] 甚至新技术的出现必须以新的组织形式的发明和进化为前提,比如,若没有大众娱乐和有组织的新闻媒体的出现,就不可能有电视的创意。因此,"组织的发展是可以导致新技术出现的"[3]。

信息技术具有不同于工业技术的特征:其一是复杂性。信息技术不仅使其内部技术在其发展过程中形成相互依赖的系统,它对组织和社会的作用也使其成为组织发展和社会发展中的一部分。由此,为了应对技术的复杂性,组织必须作出改变。"复杂的技术当然要有复杂的组织来为之服务,这也是一般常识。"[4] 其二是不确定性。信息技术作为一种客观的技术是具有确定性的,但是其使用效果是不确定的。信息技术在其浅层次的意义上是人们发布信息

---

[1] 中共中央马克思马恩格斯列宁斯大林著作编译局. 克思恩格斯选集:第 1 卷 [M]. 北京:人民出版社,1995:108.

[2] Donald Mackenzie, Judy Wajcman. The social shaping of technology[M].Maidenhead: Open University Press, 1999:14.

[3] Arnold Pacey. The Culture of Technology[M].Blackwell:Blackwell Press, 1983:25.

[4] [美]奥利弗·E 威廉姆森. 资本主义经济制度 [M]. 段毅才,王伟,译. 北京:商务印书馆,2004:121.

和搜索信息的工具,然而一旦被误导和滥用,其引起的不确定性则无法预测。所以,信息技术需要新的组织形式来消除它带来的复杂性和不确定性。

新技术的引进会对组织提出相应的要求。如果组织要保持持续的技术引进,组织就需要提前准备好。"但这些类型的组织需要有重要管理能力的配套,这些能力涉及信息系统的设计、管理理念和思维、整合和控制的原则,还有虽然很少有机会进行直接的人际互动,但仍然能够通过共享价值和共同方向创造一种工作环境的能力。"[1]现在的科技比以往任何时候都复杂,组织需要对其进行整合、协调,这就要求建立一种全新的组织环境。组织要建立能吸引员工齐心协力工作的环境和组织文化。同时也对组织员工提出了新的要求:工人不仅要懂得机器如何运转,还要了解工厂的运转方式。在知识和决策被重新分配的现代社会,工人需要懂得新技巧,适应新的组织形态,并提出新的建议。现代技术与传统技术有着极大的差别,托夫勒认为传统的烟囱工业将动脑工作和动手工作分离,人们的行动和思考被分开。所以,传统的组织运用的是分析的思维,组织中的人掌握一项技术就可以。

信息技术要求组织具备相应的思维方式。科层制组织模式的演进随着社会形态的更替而发展,工业技术产生的是传统科层制组织,信息技术则促进科层制组织向新的方向演进。信息技术的引入会促使组织的运作方式发生极大的变化,原来科层制组织采用的是以分工为基础建立的以部门为单位的工作机制,强调的是部门之间的独立性;而信息技术则要求建立组织共同运作的基础设施或平台,各部门凭借此平台进行数据共享、信息共享,它强调的是合作的思维方式。因此,信息技术的引入意味着组织思维方式的根本性转变。信息技术要求打破科层制组织旧有的思维方式,根据信息技术的运行逻辑来设计新的组织工作方式。如果旧的工作方式在信息技术条件下依然起着支配性的作用,那么,已取得的成就就会被掩盖甚至被抹杀。

在分析-综合的思维模式的转变下,科层制组织结构也需从分立转向合作。随着组织的发展,社会规模的扩大,组织面临的事务变得更多更复杂,这就需要专业化的处理机构。由于专业技能的不断提高,组织机构变得分立,

---

[1] [加]加里斯·摩根. 驾驭变革的浪潮[M]. 孙晓丽,译. 北京:中国人民大学出版社,2002:86.

组织功能不断分化。工业社会倾向于分域化的处理方式和组织结构，但是电子技术结束了陈旧的二分观念，电气化把这些割裂的小块重新结合起来，因为电力操作速度要求任何一个操作过程的各个阶段处于高度相互依存的状态。① 所以，整合思维必然要求建立协同的组织结构，共同处理高度复杂化的公共事务。

技术变革可能会重组权力关系。"技术－政治"论提出，技术变革会重新配置不同机构的权力关系。技术的动态进步可以扩大原有权力的范围，并且可以通过分解有争议的权力来创造新的权力。② 通过区块链技术就可以对原有的权力分配格局进行重新配置。区块链是一个分布式的共享账本和数据库，具有去中心化、不可篡改等特点，是分布式数据存储、点对点传输、共识机制、加密算法等计算机技术的新型应用模式。通过这种技术，解决了信息拥堵和资源垄断的问题。对科层制组织而言，信息源来自多方面，去中心化的下载打破传统的中心结构，多中心的下载系统有利于建立开放兼容的生态环境，源自高层的权力中心与源自信息源的新的权力中心并存。权力结构的调整意味着组织结构、组织职能的变化。

因此，技术引发的组织变革是全方位的。技术的更替会要求组织内部结构、权力、文化等方面都进行重组，组织只有具备了相应的技术要求，对技术的应用才能促进组织效率的提高。"因特网对于重建机构过程和信息系统以及重建在机构网络内部实行部分合并的程序而言是一个催化剂，一个赋能者。显而易见，第四层次的虚拟机构需要在运行、政治和结构等方面进行重大变革。"③

二、信息技术下科层制组织变革的阻力

新技术对组织提出的要求意味着组织需要变革，组织需要建立发展一种

---

① [加]马歇尔·麦克卢汉. 理解媒介——论人的延伸 [M]. 何道宽，译. 南京：译林出版社，2011：395.
② 高奇琦. 智能革命与国家治理现代化初探 [J]. 中国社会科学，2020（7）：81-102.
③ [美]简·芳汀. 构建虚拟政府 [M]. 邵国松，译. 北京：中国人民大学出版社，2010：87.

全新的能力来迎接由技术带来的挑战。但是，科层制组织并不会主动去发起变革，尽管新技术的引入可能给组织带来积极的效果。科层制组织一直以来都在通过拒绝外在因素或者说通过划定边界的方法来拒绝变革。"在工业社会中，特别是当工业社会的治理方式实现了科层化之后，不管在公共领域还是私人领域中，都存在着某些抵制技术进步和拒绝技术使用的情况。"[①] 技术的引进通常会引起组织结构的变化，同样，组织结构也需要按照技术的流程来不断作出调整。虽然说技术的引进需要组织调整结构，但是不断地调整组织结构是不现实的，组织自身也不希望如此。因此，组织惯性就成为组织拒绝变革的一个理由。张义芳将政府变革遇到的组织惯性分为四类：制度惯性、结构－利益惯性、模式惯性、成员惯性。[②] 布劳和梅耶对科层制组织对技术的态度作出这样的论述：科层制组织结构一旦形成就具有极大的惯性，它们会抵制创新，即使是能带来效率的创新，也拒绝接受。一般来说，组织新建之时，都采纳了当时最先进的技术和管理手段。但是建立之后，组织结构的惰性就表现出来了，它往往将自己封闭起来，很少关注创新，对新的技术依然采取排斥的态度。[③] 科层结构一旦形成，就具有相对的稳定性。对于组织结构的惯性，唐斯有详细的论述，唐斯将组织的惯性称为惰性。他认为，科层制组织形成惰性的原因之一是其已投入巨大的成本。组织采纳新的行为成本越高，组织拒绝变革的力量越大。惯性表明组织及其成员会沿袭旧的制度、行为和思维，它的存在使组织变得保守，惧怕变革和创新。组织中"保守者的百分比以及他们获得支配地位的程度"是组织惰性的另一个原因。保守者占据了重要的职位，科层组织就会强烈地拒绝变革。如果保守者人数众多，但没有占据关键职位，科层组织会进行基本的变革，但其领导者可能会遇到执行的困难。所以，组织能否变革，组织领导者起了很大的作用。

组织对技术的态度也决定着技术的实施能否顺利进行。组织对信息技术

---

① 张康之. 论社会治理中技术与制度的辩证法 [J]. 甘肃行政学院学报，2013（2）：4-11.
② 张义芳，韩丹丹. 政府变革中的组织惯性分析 [J]. 湖北广播电视大学学报，2006（11）：107-108.
③ [美] 彼得·布劳，马歇尔·梅耶. 现代社会中的科层制 [M]. 马戎，等译. 北京：学林出版社，2001：35.

的态度有激进与保守之分,"组织对技术变化的反应不是简单的吸收。相反,组织的政治过程是通过鼓动变革或者呼吁保持稳定来运作的。每种组织对技术和其他环境条件的反应在组织内部都分为'激进'和'保守'两种"[①]。激进派认为信息技术会颠覆科层制组织的基础,会导致组织模式的根本变革,产生新的组织模式,对信息技术赋予更高的意义;保守派则认为信息技术只是用来加强现存结构的一种工具,它会让组织的运作方式发生变化,组织可以利用它来快速处理信息,并且可以对员工实施更为严格的监管,但它不能引起组织结构的根本性变化。组织中保守和激进两种态度的存在,影响到组织对信息技术的引入时间和扩散速度。

组织自身的利益也是阻碍技术引进的原因。信息技术的应用可以提高组织效率,但对于科层机构来说,它成了阻碍政府使用因特网的消极因素。效率增长和节约成本,对于企业而言,可以带来丰厚的利润,但是"回报政府的则是预算的减少,人员编制的缩减、资源的节省以及项目的整合"[②]。新技术的使用还可能带来组织权力、组织结构的重新整合,所以,科层制组织及其人员在对新技术所带来的影响还不能预测时,他们都会竭力维持现状,以免组织解体。可见,科层制组织抵制技术进步是组织发展的常态。

虽然组织会抵制新技术的采用和扩散,但是,新旧技术斗争的结果仍是新技术对旧技术的取代。钱德勒等研究了信息技术发展的三个阶段,并将企业组织学习信息技术的过程分为四个阶段。信息技术发展的三个阶段:1960年到1980年为数据处理时代,1980年到1995年为微机时代,1995年到2010年为网络时代。企业组织学习信息技术分为四个阶段:第一是引入阶段,该阶段信息技术只在组织小范围试用;第二是扩展阶段,该阶段组织会快速学习,信息技术的应用处于控制缺乏阶段;第三是控制阶段,由于信息技术扩展得太快而相应的管理跟不上,导致效率低下,所以需要将其应用控制在可管理的范围;第四是集成阶段,企业组织掌握了某项技术的主导设计范式,

---

① [美]理查德·H 霍尔.组织:结构、过程及结果[M].张友星,等译.上海:上海财经大学出版社,2003:229.
② [美]简·芳汀.构建虚拟政府[M].邵国松,译.北京:中国人民大学出版社,2010:10.

从而取得了良好效果。由此形成了组织学习的"S"形曲线。① 在新旧技术交替之际，会出现技术的不连续，这时组织内部成熟的旧技术会占据主导地位，对新技术的引入就会构成威胁，所以，已掌握旧技术的人会竭力维护组织的旧技术范式，与提倡新技术的人斗争。然而，从历史发展进程来看，新旧技术斗争的结果一般是新技术取得胜利。

由于组织变革的过程既要遵循技术发展的内在逻辑，又要考虑组织自身的原因，因此，呈现出来的是新技术与科层制组织发展的非同步性、非线性对应关系。布劳和梅耶认为，在美国，科层制最早在大型商业组织中实施，特别是铁路组织，在19世纪60年代就采用了这种组织形式。但是，政府的科层化却发生在30年之后，完成科层化则是在"一战"以后。② 政府部门由于其结构刚性和惧怕风险，所以采用新技术的时间会晚。政府是最后采用电话的部门，比电话在大众中的普及晚了10～15年；克雷默等的研究表明，地方政府在新技术问世后10年才会采用它，而规模更小的地方政府，则会落后15年以上。③

三、政府信息化历程

政府信息化历程随着信息技术的发展而呈现出不同的阶段性特征。由于信息技术内容的不断更新，政府对其的采用及引用结果也不同。

（一）电子政务阶段

尽管信息技术在科层制组织中的发展会遇到一系列阻力，但是信息技术已成为政府运作中必不可少的工具。从世界各国的信息化来看，信息技术已

---

① [美]阿尔弗雷德·D 钱德勒，等.信息改变了美国：驱动国家转型的力量[M].万岩，邱艳娟，译.上海：上海远东出版社，2011：219.
② [美]彼得·布劳，马歇尔·梅耶.现代社会中的科层制[M].马戎，等译.北京：学林出版社，2001：30.
③ [美]戴维·G 加森.公共部门信息技术[M].刘五一，译.北京：清华大学出版社，2005：102.

第四章
保守与创新意义上的信息技术

对各国政府产生了深刻的影响。有很多词是对这一现象的描述,如"政府上网""电子政务""电子政府""政府信息化""电子治理"等,这些概念各有意义所在,表达了信息技术在政府中的不同应用程度,"目前我国对电子化政府约定俗成的用语是'电子政务',而在国外则一般使用'电子政府'的表述"①。本书用"电子政务"来描述信息技术对政府产生的各方面影响。"电子政务就是政府利用信息技术与通信技术实现政府与公民、与企业、与各部门之间的信息和服务传递。"② 简单地说,电子政务就是利用信息技术和通信网络对传统政务进行革新,以改善政府管理和公共服务的提供。

美国是"电子政府"实施得非常成功的国家。1993 年,美国的国家绩效评估活动强调对信息技术的应用。1994 年 12 月,美国政府信息技术服务小组提出《政府信息技术服务前景报告》。1997 年发起了走进美国计划,该计划要求:1997—2000 年,政府信息技术应用方面要完成 120 余项任务,到 21 世纪初,政府要实现对每个公民的服务电子化。2000 年 6 月 24 日,克林顿宣布建立全球最大的"电子政府"网站。③ 英国在 1996 年发布了政府指导计划,它是关于以电子化方式提供服务的绿皮书。这个计划书"被部长们认为是宣告了公共行政改革新阶段的到来"。几年以后,也就是 20 世纪 90 年代末,每个公务员办公桌上都配置了个人计算机。④ 欧盟于 2002 年签署电子化欧洲行动方案;葡萄牙 2000—2006 年制订了信息化社会计划方案,该方案对因广泛应用的技术而产生的电子化政府进行了规划。

我国电子政务的发展始于 20 世纪 90 年代初。1992 年,为了推进政府机关的自动化水平,国务院办公厅下发了《关于建设全国行政首脑机关办公决策服务系统的通知》,该文件的出台标志着我国政府领域的信息化大潮由此到来。1993 年,我国启动了"三金工程",即金桥、金关和金卡工程。1999 年,

---

① 董礼胜,刘作奎,等. 发达国家电子治理 [M]. 北京:社会科学文献出版社,2012:14.
② Taewoo Nam.Determining the type of e-government use[J].Government Information Quarterly, 2014,31(2): 211-220.
③ 王谦. 电子政务 [M]. 重庆:重庆大学出版社,2005:335.
④ [澳] 欧文·E 休斯. 公共管理导论 [M]. 张成福,等译. 北京:中国人民大学出版社,2007:217.

我国实施政府上网工程，标志着进入电子政务阶段。2006年1月1日，中华人民共和国中央人民政府网站正式开通，标志着我国政府网站体系的基本确立。之后，我国电子政务在政府的支持下蓬勃发展。

利用信息化来改造本国的政务已成为各国发展的趋势。2014年，联合国对193个成员国公共部门电子政务发展状况进行调查，最终形成《2014年联合国电子政务调查报告》。报告用电子政务发展指数作为测量尺度，评估各国电子政务发展的三个重要方面，即在线服务的范围和质量、通信基础设施的地区合作和人力资源的开发，分别由OSI（在线服务指数）、TII（通信基础设施指数）、HCI（人力资本指数）来衡量，权重各占1/3。排在前25名的都是高收入国家，电子政务的发展跟经济发展水平有一定关系，但有些发展中国家经济收入低，也积极推进电子政务。联合国的调查报告说明大部分国家都在重视电子政务建设。

从各国电子政府的发展历程来看，信息技术对政府的渗透也在不断深化。唐任武总结了各国电子政府的发展历程，并将之划分为三个阶段：第一，办公自动化阶段（20世纪70年代中期到80年代中期）。这一阶段发达国家首先尝试将信息技术引入政府办公，政府部门建立网站来发布相关信息，政府内部实现办公的自动化。第二，建立公共管理信息系统阶段（20世纪80年代中期到90年代中期）。这一阶段，政府从初期被动地适应信息技术中走出来，建立了适合政府办公的信息系统，并具有了数据处理能力。政府网站允许公民提供自身的信息，政府可以对这些信息进行处理。第三，电子政府阶段（20世纪90年代中期到现在）。这一阶段，政府利用网站来处理各种政务，对信息技术的应用水平极大提高。各国加大力度建设电子政府，并将公共服务作为重点内容。

电子政府的发展阶段表明信息技术对政府的影响是由浅而深的过程。对电子政务的探讨，20世纪90年代之前，人们关注的是政府办公的自动化，利用信息技术来处理相关的数据；20世纪90年代以后，电子政务进入了快速发展阶段。人们关注的是电子政务与组织结构的关系、电子政务与组织模式的变革等深层次的问题。电子政府的发展从一开始的公民浏览网站信息到政府通过网站提供公共服务，从政府与公民的链接发展到政府与企业的链接到最后政府与政府的链接,这表明信息技术对政府的影响在向纵深发展。电子政务对组织的浅层次的影响只是在政府公共关系方面有所改进,民众有了了解政府的途径。随着电子政务的深层次发展,其对政府组织结构、组织模式的再造功能日渐明显。

电子政务作为利用信息技术服务公众的理念与实践,兴起 20 世纪 90 年代,其虽经过 20 多年的发展,但由于其局限性无法成为治理的新模式。第一,从理论发展来看,电子政府使用的技术是一个抽象的概念,各种技术应用以及技术与治理之间缺乏"硬核"联系;第二,从研究体系来看,缺少统一的理论与概念体系;第三,从应用层面来看,政府治理对技术的关注已超越传统范围,随后需要超越电子政务框架;第四,从治理实践来看,电子政务或信息技术并没有进入治理结构的核心,技术成为抽象的先进符号。[1]数字技术的发展则弥补了这一困境,数字政府是数字技术与公共治理深度结合的体现,它将由从技术驱动的电子政府向数据驱动的数字政府转变。数字治理在继承发扬电子政务的工具性基础上,还将推动智慧政务建设,提升公共服务水平,促进政府运行模式的变化。更深层次的数字化转型是一种组织结构和制度的创新。数字政府的建设,不能再将信息技术仅仅作为提升政府效率的工具,而是要"认识到为适应和推动经济社会数字化转型,政府治理理念、职责边界、组织形态、履责方式及治理规则体系需要系统性变革的必然性和必要性"[2]。

(二)数字政府阶段

基于信息技术的飞速发展,加快数字政府建设成为政府治理现代化的发展趋势。数字政府建立的前提,一是基于大数据技术的成熟,二是我国提出的"互联网+政务"的发展战略。

随着信息技术的更新和升级,大数据的出现更是被称为革命性的时代标

---

[1] 黄璜.对"数据流动"的治理——论政府数据治理的理论嬗变与框架[J].南京社会科学,2018(2):53-62.
[2] 孙友晋,高乐.加强数字政府建设 推进国家治理现代化——中国行政管理学会 2020 年会会议综述[J].中国行政管理,2020(11):147-150.

志,也意味着人类在认识世界和改造世界的道路上前进了一大步,意味着信息时代经由知识时代向智能时代的迈进。我国迎接大数据时代,积极推进大数据的步伐。国务院于 2015 年印发《促进大数据发展行动纲要》,提出加快大数据部署、深化大数据应用;党的"十三五"规划进一步明确了国家在大数据资源采集和关联分析、数据交换共享和开放、构建数据法律体系等政策议题。2017 年 1 月,工信部编制印发《大数据产业发展规划(2016—2020 年)》,提出到 2020 年大数据产业体系基本形成。大数据能够帮助政府科学决策,实现精细化管理,提升政府治理能力。

大数据指什么?阿里巴巴创始人马云认为,大数据的"大"跟大小没有关系,是指计算能力。在这个时代,很多事物都转化为数据,通过数据来进行存储和分析,大数据最核心的内容是进行数据挖掘,释放数据蕴含的巨大价值。"数据挖掘是指通过特定的算法对大量的数据进行自动分析,从而揭示数据当中隐藏的历史规律和未来趋势,为决策提供参考。"[1] 大数据的意义远远超过了众多新闻报道的"啤酒和尿布"所包含的信息故事。

大数据分析最重要的是对"非线性关系"的发现。比如幸福和收入之间的关系,按照线性关系计算,收入水平与幸福感是成正比的。但事实上,二者之间的关系是复杂的动态关系,收入水平 1 万美元以下的人,收入增加会提升幸福感;收入 1 万美元以上的人,幸福感并不会随着收入增加而提升。这就说明,随着社会的复杂化和多样化,数据量极大的时候,非线性关系的分析变得更为重要,这种非线性关系也被舍恩伯格称为"相关关系"。大数据的数据并非都是结构化数据,"只有 5% 的数字数据是结构化的且能适用于传统数据"[2]。结构化的数据适用于线性分析,绝大多数的非结构化数据则更适用于非线性分析。"在数字政府领域,传统的以线性方式独立进行数据管理的做法已不能满足需求,越来越需要跨组织边界的协同治理。"[3]

---

[1] 徐子沛. 大数据 [M]. 桂林:广西师范大学出版社, 2015:341.
[2] [英] 迈尔-舍恩伯格, 库克耶. 大数据时代 [M]. 盛扬燕, 周涛, 译. 杭州:浙江人民出版社, 2013:64.
[3] 吉鹏, 许开轶. 大数据驱动下政府购买公共服务精准化:运行机理、现实困境与实现路径 [J]. 当代世界与社会主义, 2020(3):183-190.

大数据对政府的影响主要是通过相关关系的分析来转变政府思维方式，为政府提供决策。截至 2020 年 6 月，我国 23 个省级地方政府设立大数据管理机构，出台的省级、市级及以下大数据相关政策文件总计已达 500 份。大数据管理机构的成立意味着大数据不是简单地实现信息化的手段和工具，而是与"放管服""营商环境"等联系在一起，是数字社会数据管理资产的主体和智慧政府建设的主体。大数据局的成立标志着"数字政府"建设迈出关键性的一步。"对政府公共服务而言，大数据之'大'，不仅仅在于其容量之大、类型之多，更为重要的意义在于用数据创造更大的公共价值，提升政府网上服务能力，形成政民融合、互动的互联网治理新格局。"[①] 全球范围内，各国政府都在致力于运用大数据推动政府治理能力的创新，提高政府的服务质量。由复旦大学和国家信息中心数字中国研究院联合发布的《2020 上半年中国地方政府数据开放报告》的最新调查结果显示，截至 2020 年 10 月底，我国已有 142 个省级、副省级和地级政府上线了数据开放平台，目前 66% 的省级行政区（不包含港澳台）、73% 的副省级和 35% 的地级行政区推出了政府数据开放平台，一直处于政府数据开放平台建设空白的河北省也在 2020 年上半年上线了首个政府数据开放平台即承德市政府数据开放平台。

"互联网＋政务"在大数据的支持下实现了放管结合、简政放权、服务便捷的目的，推动了我国数字政府的建设。在政府信息化的早期阶段，互联网是作为促进信息交流与传播、提升政府效率的手段，但是随着信息化程度的提升，政府对互联网思维越来越重视。2015 年，我国提出"互联网＋"的战略；2016 年，"互联网＋政务"则正式写入国务院《政府工作报告》，其代表了新一代信息技术（如大数据、云计算、人工智能等）对社会、经济和政务领域的渗透。政府引入"互联网＋政务"不仅仅是对新兴技术的吸收和利用，更重要的是运用新兴技术"打破内部循环，倒逼体制改革"，重塑政府工作流程、运作体制和治理模式。之后从国家部委到地方政府都出台了很多的举措，相继推出"互联网＋政务"方案，积极推进我国电子政务的发展。

从各地的探索实践来看，各级地方政府都有一系列的举措。浙江省 2016

---

① 王克照. 智慧政府之路：大数据、云计算、物联网架构应用 [M]. 北京：清华大学出版社，2014：74.

年底提出"最多跑一次"改革,让人们在 8 小时工作时间外依然能在互联网办事。借助互联网优势和移动终端设备的载体,浙江省率先建成"数字政府""掌上政府",实现多事项"最多跑一次""一次也不跑",之后被作为典型经验做法向全国推广。贵州省作为国家级首个大数据综合试验区,推出"云上贵州"系统平台,借助大数据实现公众在线办理多项事项。国家发展改革委等 10 部门制定的《推进"互联网+政务服务"开展信息惠民试点实施方案》提出了"两年两步走"的实施步骤,以 80 个信息惠民国家试点城市为试点单位,通过两年左右时间,实现"一号一窗一网"的目标。又如 2018 年重庆推出的"渝快办"移动政务服务平台正式上线,通过"三步走"来实现该战略,政务服务由"线下办"向"线上办"转变,"线上办"向"掌上办"转变,"业务上网"向"服务上网"转变,借助互联网的优势,实现线下线上政务的高度一体化,推进办事效率。

党的十八届五中全会将"实施国家大数据战略"写入会议公报,并置于重要地位。2017 年,党的十九大提出加快建设创新型国家,建设网络强国、数字中国与智慧社会。2019 年,党的十九届四中全会提出推进数字政府建设,加强数据有序共享,依法保护个人信息。党的十九届五中全会明确提出"加强数字社会、数字政府建设"。"十四五"规划明确提出加强数字社会、数字政府建设的要求,扩大基础公共信息数据有序开放,建设国家数据统一共享开放平台,保障国家数据安全,加强个人信息保护。

建设数字政府的重要性已彰显,但是数字政府究竟指什么,目前学界对其的界定主要从某个视角、某个方面切入,没有统一的内涵界定。按"文献"和"主题"在中国知网检索发现,"电子政务"一词最早出现于 1999 年,而"数字政府"最早出现在 2001 年第 1 期《中国行政管理》学术刊物开设的国内首个"数字政府"专栏。[1]数字政府在理论探讨和实践研究中并不是一个新的概念,它与电子政务几乎同时出现。"关于数字政府与电子政务的关系,前期二者定义有所区别,'数字政府'(e-government)强调的是信息化政府;而 e-governance 意为信息化政务管理和服务,即电子政务。目前国际上(包括联

---

[1] 黄璜. 中国"数字政府"的政策演变——兼论"数字政府"与"电子政务"的关系[J]. 行政论坛,2020(3):47-55.

合国）在二者之间是画等号的。"① 二者的区别主要体现在"政策概念"的差别方面，作为政策概念的"电子政务"已经有较长的使用时间，而"数字政府"在中央层面的政策文件中出现则是一个新的概念。所以，二者的区别是作为一种"政策概念"的差异，反映了不同的政策内容②。

从国际层面看，数字政府成为各国政府顺应时代潮流的必然产物。从世界范围来看，数字政府建设已取得了重要成效，目前已有150个国家制定数字化转型战略，以保持竞争优势或促进经济社会发展。③ 发达国家都制定了符合本国国情的数字化政府实施战略，以促进政府数字化转型，为民众提供高效、便捷的政务服务。据《2020年联合国电子政务调查报告》显示，丹麦是实施数字政府战略成效尤为突出的国家，自实施《2016—2020数字战略》以来，数字政府建设水平快速提升，由2016年的全球第九位跃升为全球第一位，丹麦民众用互联网处理公共事务的比重达到86%。丹麦数字战略的基础是使用数字身份证（NemID），允许居民访问公共和私人服务。使用NemID，可以提交税款、购买电话通信套餐、看医生甚至预约理发师。澳大利亚在2011年就发布了《政府数字转型政策》，要求政府机构实施数字化的文件传统和信息管理；2018年提出了到2025年进入全球前三大数字政府行列的目标。韩国的数字政府建设也取得了很大的成就。韩国数字政府建设历程经历了"以政府为中心"的"政府1.0"和"以国民经济为中心"的"政府2.0"之后，现正步入"以每个人为中心"的"政府3.0"时代。韩国数字政府建设强调跨政府部门互动，2019年发布《数字政府革新推进计划》，该计划旨在适应以人工智能、云计算等尖端信息通信技术为主导的数字化转型趋势，以提升工作效率、更好地为民服务为目的，改善现有的电子政府服务。韩国"政府3.0"的发展计划从2014年就开始实施，2015年初见成果，2017年实现公务员利用云端

---

① 王钦敏．统筹协调 共建共享 推进数字政府信息化系统建设[J]．中国行政管理，2020（11）：6-7．
② 黄璜．中国"数字政府"的政策演变——兼论"数字政府"与"电子政务"的关系[J]．行政论坛，2020（3）：47-55．
③ 孙友晋，高乐．加强数字政府建设 推进国家治理现代化——中国行政管理学会2020年会会议综述[J]．中国行政管理，2020（11）：147-150．

进行业务处理与沟通，实施移动式行政管理，在决策过程中普遍利用大数据。2018年公务员不再使用个人电脑，所有政府机关进行知识共享和协作。① 英国2012年制定《政府数字化战略》，正式启用"数字政府"代替原来的"电子政务"；2015年启动"数字政府即平台"计划；2017年制定《政府转型战略（2017—2020）》，该战略制订了具体的工作计划，并对2020年后的政府发展作了展望。该战略具体内容包括连接战略、数字技能与包容性战略、数字经济战略、数字转型战略、网络空间战略、数字政府战略、数据战略等七大举措，重点打造线上身份认证、线上支付与线上通知三大数字政府服务平台。② 英国数字政府建设更多从居民需求出发，培养居民的数据访问和电子资源使用习惯，更好地满足民众需求。英国政府数字服务成为世界各国学习模仿的典范，这也为实施新的数字政府转型战略提供了重要基础。③

国外不仅在积极地制定数字政府实施战略，而且建立了相应的制度保障数字化战略的实施。首席信息官（CIO）是主要负责国家信息资源战略规划制定、实施和管理的公务职位，它拥有一套完整的组织结构和管理体系。首席信息官必须具备信息领域的专业知识，熟悉相关的业务流程，具备极强的管理、沟通和战略管理能力。美国是最早建立这种制度的国家。目前已有一百多个国家和地区建立了这种制度。另外，很多国家还设立了相应的机构来推进政府数字化进程。比如英国设有政府电子大臣和政府电子特使职位，前者负责协调各部门与信息化相关的工作并向首相汇报；后者主要制定信息化的战略和政策，并推进其实施。④ 新加坡则设立咨询通信发展管理局、首席信息官、政府首席咨询办公室等机构共同推进政府数字化战略。⑤

我国学者对数字政府建设的探讨从不同视角展开。数字政府被认为是一

---

① [韩]金允权，陈潭. 政府3.0——后NPM时代的政府再造[M]. 北京：中国社会科学出版社，2019：166.

② 胡税根，杨竞楠. 发达国家数字政府建设的探索与经验借鉴[J]. 探索，2021（1）：77-86.

③ https://www.gov.uk/government/publications/government-digital-strategy/government-digital-strategy.

④ 胡税根，杨竞楠. 发达国家数字政府建设的探索与经验借鉴[J]. 探索，2021（1）：77-86.

⑤ 胡税根，杨竞楠. 新加坡数字政府建设的实践与经验借鉴[J]. 治理研究，2019（6）：53-59.

种新型的政府形态，数字政府的雏形为电子政府，数字政府的特征：（1）政府即平台；（2）以政府为中心；（3）高度信息化；（4）政务公开透明。① 基于社会形态演进的视角考察数字政府的发展进程，根据农业社会到工业社会再到信息社会的发展历史，数字政府治理也从工业社会的统计管理发展到工业社会的数据融通再到信息社会的智慧服务，数字政府也并不是简单的政府工作流程的数字化和政务处理的信息化，而是强调数字化思维、理念、战略、资源等对政府治理过程的渗透和改变。② 对数字政府的内在逻辑与建设路径作了探讨，认为数字政府的内在逻辑是信息技术为载体驱动的政府运行模式和治理理念的更新。对其建构逻辑则从组织载体和运行机制上作了探讨，在组织载体方面强调以数字化资源共享平台为基础来建构组织载体，而运行机制强调整体性协同运行。③ 根据数字技术对政府治理变革的影响，将其分为政府信息化、电子政务和数字政府三个阶段。一是政府信息化阶段（20世纪80年代到1998年），该阶段以政府为中心，主要围绕政府内部的自动化、信息化进行政府建设；二是电子政务阶段（1999—2011年），从以政府为中心开始向以人民为中心转变，主要体现在政府门户网站的建设方面；三是数字政府阶段（2012年至今），数据驱动下的政府建设注重全方位推进数字化建设，如政务、医疗、交通、教育、环境保护等领域的数字应用。④
我国数字政府概念演进将近40年，演进过程分为"电子政务""互联网＋政府""智慧治理""数字政府"四个阶段，"电子政务"阶段：1992—2010年，电子政务是政府工作的辅助性手段，而非治理模式；"互联网＋政府"阶段：2011—2015年，多产业共同推进"互联网＋政府"，大数据为其发展提供有力支撑；"智慧治理"阶段：2016—2017年，数字政府是在大数据驱动下建立的一种新机制、新平台；"数字政府"阶段：2018年至今，数字政府建设

---

① 胡税根，杨竞楠. 发达国家数字政府建设的探索与经验借鉴[J]. 探索，2021（1）：77-86.
② 戴长征，鲍静. 数字政府治理——基于社会形态演变进程的考察[J]. 中国行政管理，2017（9）：21-27.
③ 陈娟. 数字政府建设的内在逻辑与路径建构研究[J]. 国外社会科学，2021（2）：74-83.
④ 陈小华，潘宇航. 数字政府：演进阶段、整体形态与治理意蕴[J]. 观察与思考，2021（1）：97-106.

上升到了国家高度，我国全面进入数字政府阶段。①

数字政府治理不仅要发挥数据的优势，更要将其融入我国的政府之中。就目前数据平台建设现状而言，我国还有很大的发展空间，很多地级数据开放平台还没建立，数据化建设程度直接影响数字政府的建设。当然，大数据的发展也是新生事物，其自身的发展历史就非常短暂。数字政府的建设要基于大数据的优势，也要基于相应的硬件设施和软件系统。数字政府治理作为一种新的政府治理模式，除了考虑大数据的制约，还应实现五个转变：一是逻辑起点的转换，从行政权力的有效配置到数据资源的有效利用；二是物理意义的转换，从传统政府走向传统政府与电子政府深度融合；三是组织模式的转换，从传统的层级结构向非集中、扁平网络组织结构转换；四是治理模式的转换，从单一治理主体向多主体共同治理转变；五是服务理念从"政府命令"向"大众命令"转变。②数字政府的整体形态包括建设目标、平台架构、治理机制、制度基础四个要素③，建设目标即政府明确提出的数字政府的建设目标；数字政府的平台架构包括基础层、平台层、应用层和端口层，通过平台的四个环节实现网上办公、掌上办公；治理机制包括信息收集机制、清晰算法机制、精细化管理机制和智能处置机制，通过数据搜集、数据分析和智能化处理，实现精细化管理，形成智慧治理模式；制度基础包括相应的法律法规、数据标准、信息安全、组织推进等。由此看来，数字政府的建设需要一系列技术保障和制度保障，数字政府的目的是利用数字技术来推进政府治理能力的现代化，提升为民服务能力，推进政府治理进程。数字技术在其中起到了技术手段的作用，既不可夸大也不可小视，技术通过其他因素共同作用于政府治理使其衍生出了技术自身的力量，"数字政府的转型和门户网站的建立就是技术、组织形式和制度安排长期相互作用的产物"④。

---

① 吴慧娴，付光伟. 数字政府概念的社会史考察 [J]. 河南科技学院学报，2021（5）：18-29.
② 周桂贤. 数字政府治理的理论解读与实施方法探讨 [M]. 北京：中国社会科学出版社，2019：8.
③ 陈小华，潘宇航. 数字政府：演进阶段、整体形态与治理意蕴 [J]. 观察与思考，2021（1）：97-106.
④ Jing Zhang, Luis F Luna-Reyes, Sehl Mellouli. Transformational digital goverment[J]. Government Information Quarterly, 2014, 31(4):503-505.

第三节　技术进步的逻辑与组织变革的渐进路线

技术进步有其自身的客观逻辑,组织变革也是渐进的,技术被组织采纳和应用受哪些因素制约,技术与组织如何结合,如何把技术推动的组织变革转化为组织的自觉变革,下面将进行详细探讨。

一、技术演进的逻辑

技术的发展历史犹如人类的发展一样漫长,尽管古代社会的技术在某种意义上说更倾向于技艺,但是技术的更新换代也是建立在它的基础上的。通过技术发展的历史来看,技术在 19 世纪还没有和科学相结合。就美国而言,19 世纪上半叶,美国的工匠、医生等做出了一系列技术发明和创新,但他们大多是凭经验,用试错法来做出发明与创新,没有应用多少科学理论知识。[①] 当时的技术只是手工艺人的经验积累,技术发展速度很慢。"在自由资本主义时期,直到 19 世纪后期,科学还没起到加速技术发展的作用。那时技术革新只是依赖于零星的发明和创造。到 19 世纪末 20 世纪初,出现了技术科学化的趋势。"[②] 技术和科学的结合使技术发展速度加快,新的发明不断出现。技术与科学的结合过程表明了技术发展过程的前后相继性,由手工经验式的技术到以科学为基础的技术,由工业技术到信息技术。

工业技术的发展体现了技术的前后相继性。19 世纪后期,西欧国家率先完成了第一次工业革命,成为世界经济的中心,英国堪称当时的"世界工厂"。19 世纪 70 年代开始了第二次工业革命,世界历史进入了电气时代,电

[①] 中国科学院科技政策与管理科学研究所科学哲学室.科学与社会[M].北京:科学出版社,1988:4.
[②] [德]哈贝马斯.作为"意识形态"的技术与科学[M].李黎,郭官义,译.北京:学林出版社,1999:39.

力和内燃机的使用是这次革命的标志,德国成为这次革命的"领跑者"。从手工工具转向动力机械的这一过程,就是工业革命的含义。人们不可能准确地界定工业革命开始的年代,因为它是从早期的技术实践中逐步发展起来的。工业技术革命的第一个阶段是在工作机方面取得了技术突破,革命是以纺织机械的发明为代表的工作机的诞生开始的。这一阶段的特点体现为,机器部分地代替了人力,人力仍然是工作的主要动力。第二阶段则发生了巨大的变化,以蒸汽机的发明和革新为代表的动力机革命产生。在这次革命中,机器逐渐取代了人力、自然力。第三阶段,最具代表性的是建立了机器制造业,它为机械化大生产奠定了基础。马克思指出了机械化大生产的本质,机械化生产必须以机器为基础,必须不断地生产和创造新的机器,并发明相应的技术,建立工业生产的技术体系支撑,只有这样,大工业才能自主发展。①

由工业技术演变而来的信息技术的发展也经历了三个阶段:数据处理时代,微处理器时代和网络时代。20 世纪 50 年代到 70 年代为数据处理时代,尤其是在 70 年代,数据库管理系统得到了应用,计算机主要用于非常大的公司。20 世纪 80 年代是微处理器时代,个人计算机出现,但是大型的共享系统还需要进一步建立。20 世纪 90 年代是网络时代,微机从单机向相互连接的工作站转移,人造卫星和光线传输所支持的远程网络促进了信息技术的进一步发展。②就信息技术而言,它的发展也是前后相继的。没有电力学的发展基础就不会有信息技术的发展,没有局域网的技术就不会有互联网的产生。所以,信息技术有其自身的发展逻辑,它不受任何因素的制约。技术发展到一定时期,它会以技术群的形式出现,一项发明可能伴随着一系列的重大技术发明。信息技术显然是在工业技术的基础上发展而来的,所以,不论技术取得多大的成绩,它都离不开已有发明的技术。

就技术自身而言,它是一个线性发展过程,前一环节直接推动后一环节的发展。技术在发展过程中的逻辑也被称为技术的客观性或者技术的自主

---

① 中共中央马克思恩格斯列宁斯大林著作编译局.马克思恩格斯全集:第 23 卷 [M].北京:人民出版社,1979:421-422.

② [美] 小詹姆斯·I 卡什,罗伯特·G 埃克尔斯.创建信息时代的组织 [M].刘晋,等译.大连:东北财经大学出版社,2000:292.

第四章 保守与创新意义上的信息技术

性。客观性表明技术的发展演变有其内在的逻辑，有前后相生关系。埃吕尔是技术自主论的代表。埃吕尔"将技术的客观性称之为自主性"[1]，"技术并不是按照人们所追求的目标发展，而是根据业已存在的增长可能性发展"[2]。他认为技术的发展完全是由其自身的力量推动的，并且它的发展速度是非常快的，以几何级数增长。外部社会因素对技术的干预会导致技术的歪曲，甚至带来灾难。因此，相对于社会来说，技术的自身发展是第一位的，它有自己的体系和逻辑。在技术与社会的关系中，技术发展到一定程度会影响社会的发展，而不是社会左右技术的发展方向和发展进程。"'技术自主性'以其特殊方式确认了技术在社会生活中广泛、日益强大的作用。"[3] 皮尤等认为，客观地评价技术应该从两个方面来考虑：第一，技术的构成要素是客观存在的；第二，技术的进步是逐步的，它有一个前后发展的过程。"工业的基本形式是亚当·斯密论述的先进社会中传统的劳动分工，'那些大大便利和扩大劳动的机器'加强了它的优势。"[4]

对于技术演进的逻辑，阿瑟在《技术的本质》一书中作了详细的论述。[5] 他认为技术进化有自己的依赖路径，他详细论述了从石器时代到今天的信息时代，技术如何创造自己，如何遵循自己的进化路径。旧的技术形式会作为现在原创技术的组成部分，而现在的技术也会成为将来技术的可能组成部分。由此，原来简单的技术会产生越来越多的技术形式，复杂的技术往往是由简单的技术组成的。这也就是他所说的"技术集合"。新的技术的产生是旧技术应用的困境，新技术通过优化零部件和结构深化来进一步发展。他研究了单个技术和技术体的形成及发展机制。

首先来看个体技术的发展机制。技术的发展机制包括两个方面：内部替换

---

[1] 狄仁昆，曹观法．雅克·埃吕尔的技术哲学 [J]．国外社会科学，2002（4）：16-21．

[2] Jacques Ellul.The Technological System[M]. New York: The Continuum Publishing Corporation, 1980:256.

[3] 陈昌曙，边德玉．技术选择论 [M]．沈阳：辽宁人民出版社，1980：6．

[4] [英]D S 皮尤．组织理论精粹 [M]．彭和平，等译．北京：中国人民大学出版社，1990：29．

[5] [美]布莱恩·阿瑟．技术的本质 [M]．曹东溟，王健，译．杭州：浙江人民出版社，2018：147-160．

和结构深化。内部替换是指用更好的部件或子技术来替换旧的、不发挥作用或阻碍新技术的部件。这种替换通过两种方式进行：一是采用更好的设计或更优的解决方案；二是用更优的材料来代替原来的材料。这种替换发生在更为普遍的技术发明中。这种替换的过程是递归性的，也就是说技术的改进过程需要放在一个系统中来看待，而不是单个的替换和应用。结构深化是指寻找更好的部件、材料，或者加入新组件。一项技术不仅要自身运行良好，还必须有良好的环境适应能力。所以随着技术的复杂化，技术的更替既有被动因素也有主动因素。被动因素主要指当作为技术系统的二级系统或二级系统的子系统的技术发生变化时，二级系统或一级系统也必须跟着变化。作为技术的设计者则会主动更新技术以适应技术自身的变化。通过结构深化来改进技术的发展也需要很漫长的过程。

其次来看技术体的发展机制。阿瑟把技术体也称为"域"，域不是单个技术的相加，是连贯的整体，是关于设备、方法、实践的族群，它们的形成与发展具有与个体技术不同的特征。[①] 技术体的形成有两种模式：一种是围绕核心技术联合而成的，另一种是从一个现象簇中建构起来的。某些域的更新会遵循青春期、成熟期和晚年几个发展阶段的演进规律，但是也有的域每隔几年就会打破发展周期重构自身，产生变异。只有当一个域的关键技术发生根本变化时，域才会发生变异。阿瑟列举了计算机的变化，由于电子管取代晶体管的变化，导致计算机的用途发生了极大变化。20世纪40年代计算机主要是服务于军事，60年代以商业和财会为目的，80年代则进入办公室，90年代随着互联网的发展，无线信息传递等功能得到进一步开发。

通过阿瑟的论述，可以看出他是坚持技术自主论的，技术创造了自身。通过他对个体技术和技术体的发展机制的论述，发现技术是"活生生的"，遵循自己的发展路径。新技术取代旧技术是技术发展的必然逻辑。在技术发展过程中，技术更新既有技术自身变化的必然因素，也有技术发展的偶然因素。不论是必然因素还是偶然因素都是技术自身的更新。阿瑟虽然是坚持技术自主论的，但是他认为技术自身是无意识的，不会对人类构成危害。技术虽然

---

① [美] 布莱恩·阿瑟. 技术的本质 [M]. 曹东溟，王健，译. 杭州：浙江人民出版社，2018：163-178.

创造了财富,给我们带来安全,但技术并不会控制我们。技术的发展除了响应人类社会的目的,还要注意到技术自身的需要。他在强调技术自主的同时,认为技术也是加强人与自然关系的一种手段。

技术的发展有其自身的发展逻辑,并不意味着技术可以主导自己发展的方向和速度。技术发展的过程是技术环境逐渐成熟的过程,任何一种技术的发展都离不开相关领域的技术支持。技术之间的相互支持和嵌入促进了技术的前后更替。19世纪70年代,电气化的技术就出现了,但是直到20世纪20年代,电气化技术对工业的全面影响才被人们感受到。为什么美国的工程要花费40年的时间才采用这种新技术呢?因为新技术要求有的新的使用场景,要求重建工厂,而新建的工厂是什么样的又没有清晰的蓝图。电子工程师不懂建筑,工业建筑师不懂电气化技术。因此,将新技术与安置新技术的工业布局设计之间进行整合,并将整合之后的知识传播出去,需要大量的时间。这个过程用了40多年。① 所以新技术的采用必须伴随着相关领域的技术条件的成熟。

技术一旦与科学结合,应用于社会,它就会受制于与技术有关的社会因素的影响,这时,技术自身的逻辑必须让位于社会的需求。对于技术的系统性,哈贝马斯作了研究,他认为技术的发展过程,一方面是科学和技术的结合,另一方面是技术和社会应用的结合。随着大型的工业研究,科学、技术和使用成了相互连在一起的管道系统。② 所以,技术的发明会引发系列效应。1833年,电报的发明开辟了人类交流史的新时代,随后,电话(1876年)、收音机(1906年)、电视(1925年)、传真机(1975年)、移动电话(1982年)、社交网站(2004年)相继被发明。③ "一般而言,知识提供解决问题的工具,而技术则体现问题的解决方法。"④ 技术和知识的结合则推动了技术的

---

① [美]布莱恩·阿瑟. 技术的本质[M]. 曹东溟,王健,译. 杭州:浙江人民出版社,2018:177.
② [德]尤尔根·哈贝马斯. 理论与实践[M]. 郭官义,李黎,译. 北京:社会科学文献出版社,2004:365.
③ Darío Rodríguez, Carolina Busco, Rodrigo Flores. Information technology within society's evolution[J]. Technology in Society, 2015, 40(2):64-72.
④ [英]约翰·齐曼. 技术创新进化论[M]. 孙喜杰,曾国屏,译. 上海:上海科技教育出版社,2002:61.

进一步发展。"技术与科学的不同之处在于，科学以发现知识本身为目的，而技术旨在通过使用知识来完成某个目标。"①技术与科学、知识、工业和管理结成的动力性的联系，已经超越了人类的构思和想象。贝尔在谈论技术的发展速度时，认为19世纪的铁路、电话等，20世纪的收音机、电影、航空和电梯，比起最近25年发展的主要技术项目，如电视和计算机等，对个人引发的影响要大得多。所以，技术发展所产生的影响不是由各种各样的技术项目引起的，而是由紧凑的社会结构引起的。社会结构把偏远地区的人们吸引到社会中，并通过技术革命扩大了人们之间的接触和相互影响的程度，并由此带来了城市的扩展及组织规模的增大。②技术的发展方向和速度受制于诸多条件，技术的发展既要考虑其自身的逻辑，也要考虑它被决定的一面。有学者将之称为技术的自然属性和社会属性。技术的自然属性是指技术作为一种工具为自然规律所决定，是客观自然世界的一部分，其发展具有前后相继性。技术的社会属性反映了社会对技术的要求，技术的发展是人按照自己的意志进行改造的，技术体现人的因素。在用技术改变社会的过程中，技术会受到诸多社会因素和社会条件的影响和制约。社会因素对技术的影响表现为：它决定着技术发展的方向、速度以及规模。

二、组织变革的渐进路线

休斯认为，公共部门的变革反映的是社会问题的紧迫性，变革是对社会问题的一种反映。这些紧迫问题包括：（1）对公共部门的抨击；（2）经济理论的变革；（3）私营部门的变革；（4）技术变革。③亨利认为，技术、环境与组织变革之间的因果关系是模糊的，但我们的确知道技术和环境的变化是组

---

① [美]玛丽·吉科.超链接：互联网、数字媒体和技术——社会生活[M].黄雅兰，译.北京：清华大学出版社，2019：5.
② [美]丹尼尔·贝尔.后工业社会的来临[M].高铦，等译.北京：商务印书馆，1986：52.
③ [澳]欧文·E休斯.公共管理导论[M].彭和平，等译.北京：中国人民大学出版社，2001：10.

织创新的主要因素。① 公共部门的变革原因无疑是很多的，技术变革显然是组织变革的一个重要因素。技术对组织最显见的影响是促进组织工作方式的改进。技术的不断进步使某些技能过时，同时又开创了新的技能。自动化意味对人工劳动的代替，文字处理机、电子邮件代替了曾经庞大的打字员队伍。信息技术使伴随传统行政模式的羽毛笔和打字机技术成为历史，信息技术的产生使文件在电脑屏幕上显现出来。对技术的纵深思考，会发现技术作为组织变革的诱因，其作用并不仅限于此。技术一旦成为组织的内嵌性制度，技术与组织的其他因素相互作用，就会引起组织更大的变革。

伯克认为组织变革是系统的，理由有三个：第一，当系统的某个方面变化了，其他方面最终也会受到影响，因而必须是倾向于整个系统的方法。第二，组织变革的基础是共同的组织文化。只有当成员认可组织的规范，组织变革才会发生。第三，组织为了生存，必须与外界进行物质和能量的交换。② 组织变革是一个由内而外整个环境系统相互依赖的变化过程，某方面的变化最终会触发组织整体的变化。

系统理论的代表人物卡斯特和罗森茨韦克将组织看作一个开放系统，由目标与价值系统、技术分系统、结构分系统、社会心理分系统和管理分系统五部分组成。"当技术被看作设备、技能以及更宏观的社会结构——例如组织、企业或政府——的结合体时，技术就是一个系统。"③ "卡斯特认为组织不仅是一个技术或社会系统；组织要求将人的活动围绕各种工艺技术给以统一与结合。"④ 技术系统是由组织的任务决定的，而技术系统的形式不同，这种形式被卡斯特称为工艺技术。工艺技术是指组织将投入转换成产出过程中使用的技术。科学与工艺技术随着时代的发展而发展，比如早期的工业革命以

---

① [美]尼古拉斯·亨利. 公共行政与公共事务[M]. 张昕，等译. 北京：中国人民大学出版社，2002：167.

② [哥]沃娜·W 伯克. 组织变革：理论和实践[M]. 燕清，等译. 北京：中国劳动社会保障出版社，2004：45.

③ [美]玛丽吉科. 超链接：互联网、数字媒体和技术——社会生活[M]. 黄雅兰，译. 清华大学出版社，2019：7.

④ [美]弗莱蒙特·E 卡斯特，詹姆斯·E 罗森茨韦克. 组织与管理：系统方法与权变方法[M]. 傅严，等译. 北京：中国社会科学出版社，2000：250.

机械代替人力技术，随着社会的发展，又出现了计算机技术这样的工艺技术。按照佩罗的划分，根据技术的复杂程度、技术是静止的或动态的这两个方面的组合，技术呈现出连续统一体的特点。连续统一体意味着技术是组织在其转换过程中所使用的技术知识。同时，组织也在创造新的技术，转为它向社会的产出。所以，技术的连续统一体不仅包括技术的复杂性，也包括组织对技术的贡献。①技术统一体对组织其他系统的影响是多方面的。技术系统与组织的目标和价值观相联系。组织要达到的目标常常由采用的技术来确定；技术与结构之间也相互影响，由于组织规模和性质的不同，技术与结构之间呈现出复杂的关系。技术对社会心理系统的影响表现为会对组织中的人产生影响，技术对社会心理系统的影响，比如给工人加上时间限定，引起员工的不安全感等。技术对管理系统的影响则表现为，知识的专业化程度提高，管理思维由分散进一步走向综合。②所以技术系统一旦与社会中的其他系统相互作用，它所引起的变化也是系统性的。

组织变革是组织中的一种常见现象，只要组织遇到问题，就会持续不断地寻求理想的组织形式，变革的目的是促使组织更好地实现工作目标，意味着组织的发展需求。组织只有经常性地发生变革，才能应对组织的内外环境，保持组织活力。组织变革按照激烈程度之分有激进和渐进之分。激进型的变革是对原有组织结构的彻底否定，代之以新的组织形式。渐进式变革是在既有组织结构内对组织作的修修补补，以提高组织绩效，改善组织形象。组织一方面有激发变革的影响力，另一方面也有反对变革的力量存在，这就意味着组织在变革时会遇到主动的对抗抑或消极的逃避，最极端的情况就是组织的解体。但是，科层制组织在历经多次的变革之后，生命力仍然很强盛。

唐斯创立了生命周期理论来对科层制组织的生命力作了阐述。唐斯认为，科层制组织的生命周期要经历争夺自主权、快速成长和减速三个阶段。按照唐斯的生命周期理论，20世纪30年代和40年代是科层制组织争夺自主权时期，

---

① [美]弗莱蒙特·E 卡斯特，詹姆斯·E 罗森茨韦克. 组织与管理：系统方法与权变方法[M]. 傅严，等译. 北京：中国社会科学出版社，2000：259.

② [美]弗莱蒙特·E 卡斯特，詹姆斯·E 罗森茨韦克. 组织与管理：系统方法与权变方法[M]. 傅严，等译. 北京：中国社会科学出版社，2000：260-268.

50年代和60年代是快速成长时期，80年代之后是减速时期。一个组织能够长久地生存下来，那么，它通常可以从其不同的社会职能的重要性的起伏波动中存续下来。最初职能相对重要性的衰退，将促使它承担新的职能，然而它也不放弃最初的职能，随着时间的推移，承担的职能越来越多，这样，它就能通过多样化来确保其生存。①

科层制组织虽然会继续存在下去，但是其保守的一面也逐渐凸显出来。庞大的科层组织在本质上是保守的，他们总是不轻易地发生变革，因此引致了缺乏回应性的抱怨。组织的保守是由很多原因引起的，但是就技术而言，科层制组织越重视对技术的应用，其保守性也越明显。科层制组织是依靠专业知识和公务知识从事行政管理的，这两种知识使"官员"成为"科层体制"的结构。专业知识则使科层组织和其他组织区分开来，不具备科层专业知识的人被拒之门外。所以，专业知识是科层组织与外界区分的一道门。正是有门的存在，才使科层组织具有保守性。

针对科层制组织的保守性和不合理性，新公共管理发起了变革。作为政府管理的一种新理论及实践模式，"新公共管理"被赋予不同的名称——"企业家政府""政府再造""后科层制范式"等。尽管研究视角稍有差异，但基本上都表示政府改革的新现象，即由传统管理模式向新公共管理模式的转变。

从西方国家的改革实践来看，英国以撒切尔夫人上台为标志发起了大刀阔斧的改革。英国行政改革的第一阶段是20世纪80年代初，当时称为效率改革，目的在于紧缩财政和节约用度。第二阶段的目的是将政策制定职能和服务传递职能分开，这次改革导致了政府部门的重构。第三阶段始于20世纪90年代初期，这个时期的改革以市场为取向，设法引领公共管理市场化。改革的结果正如霍顿所总结的，行政机构比以前小了，组织结构也彻底改变了，提供服务的方法也转变了，并且安排了新公共管理者作为其核心成员。②

美国于20世纪90年代发起了以放松规制为取向的政府改革运动。针对

---

① [美] 安东尼·唐斯. 官僚制内幕 [M]. 郭小聪，等译. 北京：中国人民大学出版社，2006：21.
② [美] 费勒尔·海迪. 比较公共行政 [M]. 刘俊生，译. 北京：中国人民大学出版社，2006：148.

美国政府不堪的财政赤字、效率低下的状况,美国发起了以副总统戈尔为领导的国家绩效评估运动,其目标是创建一个效率高花费少的政府,同时改造政府自以为是的官僚作风,并对科层制组织重新设计,重新创造,再次振兴政府。《国家绩效评估报告》通过调查研究认为,工业社会的科层体制已经弊端重重,信息技术的到来有必要重新思考政府的运作机制等问题。信息技术成为此次改革的核心要素,倡导利用信息技术的优势来对联邦政府作出补救,建设能够更加有效利用政府资源的信息基础设施,促进管理流程与顾客服务中心的现代化;开发高效率的电子邮件服务,提高联邦机构的信息及沟通能力;推行奖励创新的激励系统,使联邦机构具有将节省的资金用于信息技术的再投资能力。[1] 美国政府的改革主要限于政府内部,其前提仍然是在坚持科层制组织的基础上进行的。

新西兰的行政改革被誉为改革的典范。从1988年开始,新西兰发起了以分权化和政府职能调整为中心,将政府掌舵和划桨相分离,并力图将竞争机制引入政府非商业化部门的改革。新西兰政府将价值50亿美元的公共企业私有化,实现这些企业的自主经营。继英国之后,很多国家都进行了类似的改革。从改革的实践来看,各国的行政改革实践都把信息技术的引入作为组织改革的一项重要内容。

新公共管理理论是伴随着西方国家20世纪70年代末80年代初的行政改革运动发展起来的。新公共管理理论认为对科层制组织的改造和超越是当务之急,正如奥斯本和盖布勒在《改革政府》中所指出的,我们不需要讨论政府的大小,我们需要的是一个更好的政府,需要更好的政府治理。当政府在社会中已不能发挥应有的作用时,就应该变革,寻找更好的政府治理模式。所以新公共管理发起了对政府的彻底改革,发起了对传统的公共行政模式的彻底的颠覆。奥斯本和盖布勒提出了政府改革的十项原则,可以将其核心内容概括如下:第一,倡导分权,挑战科层制组织的集权;第二,以效果论组织绩效,是相对于科层制组织的过程控制;第三,引入企业家精神,是相对于科层制组织的官僚主义;第四,引入竞争,是相对于科层制组织的垄断。

---

[1] [美]罗伯特·登哈特.公共行政——一门行动的学问[M].谭功荣,译.北京:北京大学出版社,2013:304.

奥斯本和盖布勒认为"传统的官僚体制已经到了非改不可的地步"，主张对科层制这种组织模式进行彻底再造。再造不是改革政治体制，不是重组，不是减少浪费，不是缩减政府规模，不是私有化，不是仅使政府更有效率，也不只是全面质量管理的同义语，再造是对公共体制和公共组织进行根本性的转型，就是用企业化体制取代科层体制。"再造，即如何通过管理项目、如何最大限度地利用以计算机为代表的新技术等问题的彻底反思和重新确定重心所在，以便超越传统的管理重心，进行组织重整。"[1] 再造意味着重组。巴泽雷批评了管理制组织的僵化，他认为，虽然它可能产生好的管理方式，但从结果来看，它导致了政府职能和责任的弱化。因此，他认为一种可以替代科层模式的新的理论已经诞生了。

就新公共管理的影响而言，它是世界性的。英国学者胡德指出，新公共管理并不只是在英国发展起来，还是20世纪70年代中期以后公共管理中出现的一种明显的国际性趋势。荷兰学者基克特指出，新公共管理的趋势在美国、英国和其他西欧政府中出现，也在地球另一边的澳大利亚、新西兰和其他西方国家中出现。经济合作与发展组织1990年、1993年的公共管理发展报告也证实：大部分发展中国家也处于这样一个相同的改革方向——引入新公共管理的思想、模式和技术。[2] 因此，新公共管理成为席卷西方乃至全世界的运动。

从新公共管理理论来看，它是对政府进行的一次激进型变革，试图用企业体制来代替科层体制，依靠信息技术来提高政府绩效。休斯认为，新公共管理意味着早期的组织理论和行政改革正在发生变化，它对科层制组织的冲击是根本性的。在组织发展史上，虽然经历了数次对组织的重新思考，但它们对组织的影响都是微小的，只是对组织的发展进行了小的修补。新公共管理是在组织内部实行更为有效的组织形式，其目标是发明新的组织形式来代替现有的组织。

新公共管理意在对科层制组织进行彻底变革，用企业家政府代替科层制

---

[1] [美] 杰伊·沙夫里兹，EW 拉塞尔，克里斯托弗·P 伯里克. 公共行政导论 [M]. 刘俊生，等译. 北京：中国人民大学出版社，2011：243.

[2] 陈振明. 理解公共事务 [M]. 北京：北京大学出版社，2007：20-21.

政府，但是从其改革效果来看，它更多的是对组织管理方式的变革，对组织职能的调整，进一步明确了政企关系，理顺了政府与社会的关系。改革的结果正如萨瓦斯所言，民营化成为改革的一个重要结果。尽管改革取得了很大成效，但它并没有使科层制的组织结构发生根本变革。所以，新公共管理并没有结束科层制组织的统治历史。休斯认为，新公共管理对政府的再造在当时社会历史条件下是不可能实现的，只有借助信息技术才能实现政府再造。"政府再造在十年前是一个时尚却又早产的理念，它最终只有通过互联网才有可能实现。"[①] 新公共管理在20世纪90年代末已进入后新公共管理时代。在美国，对新公共管理进行批评并对它大有取代之势的是新公共服务；在英国，对新公共管理的批评发展出来的是整体性治理模式（holistic governance），其代表人物是佩里·希克斯和帕却克·登力维。[②] "英国学者敦利威判定新公共管理已经寿终正寝。他认为信息技术治理的时代已经开启，因此，要以消除数字鸿沟或以信息共享建立整体主义的治理框架。"[③] 后新公共管理更强调信息技术的社会背景。后新公共管理还是一个正在持续中的运动。从政府治理效果来看，后新公共管理与新公共管理的一个重要区别是信息技术在政府中的运用进一步复杂化，技术已与组织文化、组织制度产生互动，电子政府、虚拟政府是对信息技术背景下政府发展的状态描述。

从科层制组织发展历史来看，组织持续变革是组织求生存的策略。科层制组织吸收了人类社会和组织发展过程中的一切有利因素，但是到现在为止，我们发现科层制组织依然是政府的组织基础。因此，组织变革遵循的是一条渐进路线，在组织发展历程中的修修补补都是渐进变革的表现。当然，我们并不能轻视组织变革的渐进路线，任何事物的发展都要经历量变到质变的过程，渐进变革中的量变积累到一定程度，必然会引起组织模式的根本变革，正如现代科层制对封建科层制的取代，工厂制对家庭和作坊的取代。

---

① [澳] 欧文·E 休斯. 公共管理导论 [M]. 张成福，等译. 北京：中国人民大学出版社，2007：217.
② 竺乾威. 从新公共管理到整体性治理 [J]. 中国行政管理，2008（10）：52-58.
③ 竺乾威. 公共行政学原理 [M]. 上海：复旦大学出版社，2008：477.

三、把技术推动的组织自然演进转化为自觉变革

信息技术之所以被组织植入,首先要考虑信息技术的有效性。组织对信息技术的引入会考虑一项技术所带来的效益,如果一项新技术的采用带来的效率还不如以前或跟以前一样,那么组织就不会继续使用该技术。而技术要证明其有效性,是需要时间的。对于企业组织来说,技术产生的效益更容易得到验证。但是,对科层制组织来说,因它不受市场规律的支配,而且其有效性需放在社会背景中考察,因此很难以量化的指标来检验,这样,技术是否被科层制组织引入,很大程度上是由技术的社会环境决定的。佐藤庆幸在论述产业科层制与科层制组织科层制时,认为二者有两个重要的差异:第一,企业会受到产业科技发展的巨大影响,而政府行政组织却缺乏与这一科学技术的直接关系;第二,企业与政府形成鲜明对照的是,企业有追求利润的目标单一性。[①]

技术进入组织的过程并不是一帆风顺的,"从历史上看,技术进入组织的过程很少是直截了当的。技术通常需要很多的伴随活动,这些活动促进新发明被政府采纳。即使最具创新性的发明也需要基础设施、政治上的决心以及预算支持才能使其在组织内扩散"[②]。技术会受到由政府制度和公众偏好所组成的环境的影响,技术发展的方向和速度,以及其产生的最终影响都是很难预测的。因此,技术在何时、何地、以什么样的形式进入组织都不是由技术决定的,它在很大程度上是由技术环境决定的。即使一项技术被证明是有效的,它植入组织的时间也是未定的。"新发明或新产品的推广,显然不仅取决于它的技术效能,而且取决于它的成本、它对消费者的吸引力、它的社会成本、副产品,等等。因此,引进任何新的发明,都取决于经济的局限性、政府的政策、价值和消费者的态度。"[③] 其中,政府的政策、制度起着决定性的作用。

---

① [日] 佐藤庆幸. 官僚制社会学 [M]. 朴玉,等译. 北京:生活·读书·新知三联书店 2009:273.
② [美] 达雷尔·韦斯特. 数字政府——技术与公共领域绩效 [M]. 郑钟扬,译. 北京:科学出版社,2011:36.
③ [美] 丹尼尔·贝尔. 后工业社会的来临 [M]. 高铦,等译. 北京:商务印书馆,1986:237.

从社会治理过程来看，当公共行政学从政治学中分化出来就走向了重视技术的道路。科层制组织作为公共行政的基本组织形式必然也以技术为导向，科层制组织首先是一个技术系统。随着组织环境的复杂化，人们日益认识到，没有一个组织仅仅是技术系统，人们开始注意组织的制度环境。"技术往往是人们关注的重心，至于制度等方面的问题，则是作为次一级的主题呈现出来的。只是到了20世纪后期，随着制度对技术的制约性暴露得越来越明显时，人们才开始把视线转向了制度或体制。但是，技术主义思维一直处于支配性的地位，是一代人的推崇。"[①]当人们把视线转向制度或体制时，也意味着制度或体制对技术的决定作用日益凸显。

技术与制度从表面来看，二者并没有直接的联系。但是，如果引入时间因素的话，技术和制度的效应通过长时间的相互作用就能显现出来了。如果从长远发展来看，技术发挥着决定性的作用，技术的发展基本不为制度所左右，而且它在组织中的应用还会引起制度的变革，制度要适应技术的发展要求。张康之在谈论技术对组织的影响时，认为技术会引发组织变革，组织变革本身就意味着组织制度的变迁。由于社会治理的主体是科层制组织，那么，组织的变革就是治理体系的变化。治理体系的变化会迫使组织制度作出调整。因此，技术最后引起的是组织的变革。[②]这种看法也是将技术与组织变革的关系放到宏观历史视野中来看的。

齐曼认为技术的演化过程是技术被挑选了出来，是由社会根据"需要和机遇推动的"。"一项技术之所以被采用，这是因为像企业和家庭等一些其他实体对其进行了有意识的选择使用，将其从潜在的技术的一个更大集合中挑选了出来。"[③]虽然新技术到成为一种确定的技术还需要很长的发展阶段，但是技术自身并不能决定自己的进化，是由社会根据自己的需要挑选所需的技术，由此推动了所选择技术的发展。"技术创新是由社会试图最大化的一些抽象目标功能的新技术的作用而推动的。于是，这一判据被

---

① 张康之. 论社会治理中技术与制度的辩证法 [J]. 甘肃行政学院学报，2013（2）：4-11.
② 张康之. 论社会治理中技术与制度的辩证法 [J]. 甘肃行政学院学报，2013（2）：4-11.
③ [英] 约翰·齐曼. 技术创新进化论 [M]. 孙喜杰，曾国屏，译. 上海：上海科技教育出版社，2002：61.

转化成由社会代理操纵的'代理'判据。"① 他认为，技术的选择是由代理机构来作出的，比如技术选择由中央代理机构作出，美国联邦通信委员会对数字高清晰度电视标准进行判定。从技术的演进来看，技术发展的方向是由社会的需要和机遇推动的，同时社会代理机构在技术标准的制定过程中也起着重要的作用。

哈贝马斯认为国家对技术的发展方向和发展速度起着决定性的作用。"技术进步的方向，在很大程度上取决于公众社会的投资：在美国，国防部和宇航局是委托科学研究任务的最大的两个部门。"② "对工业最先进的社会中的研究投资和发展投资的分析，表明国家下达任务者的影响占据统治地位，以及军事任务优先于民间任务。"③ 比如美国政府20世纪50年代对技术的支持，那时大量资金被投入军事计算机的开发之中，20世纪60年代，这些计算机设备逐渐商品化，20世纪60年代和70年代，美国政府继续对网络技术予以支持，促使了互联网的出现。④

马尔库塞将技术发展的过程看成是政治过程。他认为现代技术的发展是以科学为基础的，科学只要是纯粹的，就不会受制于实践目标的制约。但是，现代科学却无法保持其中立性，开始为实践理性服务。虽然我们承认科学具有内在合理性，但是其设计过程仍然受社会因素的制约，设计的主体是具有社会属性的；虽然科学要求我们在主客体的关系中保留对概念最原始的描述，但是理论理性和实践理性之间的关系仍可以有不同的联系方式。因此，科学保持纯粹的理论理性是不可能的。由科学产生的技术为政治提供了统治的合理性，由此，技术发展的方向很大程度上受到政治安排和组织制度的影响。社会的统治也是通过对技术的强化来进行，统治将技术扩展到一切领域，技

---

① [英] 约翰·齐曼. 技术创新进化论 [M]. 孙喜杰，曾国屏，译. 上海：上海科技教育出版社，2002：65.
② [德] 尤尔根·哈贝马斯. 作为"意识形态"的技术与科学 [M]. 李黎，郭官义，译. 上海：学林出版社，1999：94.
③ [德] 尤尔根·哈贝马斯. 理论与实践 [M]. 郭官义，李黎，译. 北京：社会科学文献出版社，2004：368.
④ [美] 阿尔弗雷德·D 钱德勒，詹姆斯·W 科塔达. 信息改变了美国 [M]. 万岩，邱燕娟，译. 上海：上海远东出版社，2011：206.

术手段的科学化则使统领社会的政治权力具有了合理性。政治权力扩展的过程也是技术的发展过程。①"在技术现实的构造中，绝不存在作为合理的科学秩序的东西；技术合理性的过程是一个政治过程。"②

宾伯也持同样的观点，认为信息革命并不仅仅是在通信技术领域的变革，也并不必然由通信技术所推动。由于互联网的兴起及其对社会生活的渗透，原来正式的科层组织模式受到了极大的挑战，由此导致后科层模式的兴起。技术进步并不是完全依赖自身的进化过程，而是依靠政治力量的介入，技术才能得以发展，"当与政治中介相关的新机会和限制可能改变权力的分配时，一整套技术变革才成为革命性的。这些新的能力与可能性就是政治与社会背景的一种功能，在这个背景下技术才得以演进"③。

信息技术的发展离不开政府的支持。比如美国在"二战"结束后将近半个世纪的时间里，研发费用中所有用于研究的那部分差不多有85%来自国库。这种政府支持在20世纪50年代尤为关键，大量资金被投入军用计算机的建设之中。直到20世纪60年代，计算机逐渐商品化，联邦资金的投入才逐渐减少。20世纪60年代和70年代，美国政府通过不同的方式继续对计算机的研究和开发予以支持，这一时期主要是对网络技术的支持。④政治制度、组织制度对技术发展的决定性意味着技术的变迁依赖于外部因素，这种依赖会给组织变革带来困境。组织自身的问题并不能自己解决，必须依赖外部环境，依赖外部时机来被动发起变革，所以，组织对技术的采用是不得已而为之。从科层制组织的技术追求来看，它会把组织不能解决的问题首先归结为技术问题，并从技术的角度来解决，也就是说组织会通过对机械技术和社会技术的应用，通过管理技术的加强来对待组织问题，由此，信息技术成为科层制

---

① [美]赫伯特·马尔库塞.单向度的人[M].张峰，等译.重庆：重庆出版社，1998：153.
② [美]赫伯特·马尔库塞.单向度的人[M].张峰，等译.重庆：重庆出版社，1998：163.
③ [美]布鲁斯·宾伯.信息与美国民主：技术在政治权力演化中的作用[M].刘钢，等译.北京：科学出版，2011：21.
④ [美]阿尔弗雷德·D钱德勒，詹姆斯·W科塔达.信息改变了美国[M].万岩，邱燕娟，译.上海：上海远东出版社，2011：206.

组织强化自身的一种技术方法。

技术诱发组织变革的过程是一个由主动转到被动的过程。当技术的内容比较简单时，它对组织结构的要求比较低，但是随着技术复杂程度的提高，技术精准程度的提高，技术会要求支持它的社会结构的发展提供相应的支持。齐曼对工艺制度、工程制度、建筑制度和研究制度分别研究后，发现每一种技术都要求一套不同的制度。在工艺制度中，技术的选择机制是通过仿效完成的，技术的传承主要是程序性的和技能的传授。较高级的工程制度是伴随着工业化生产模式出现的，这一阶段的标志是技术的精致性以及产品的复杂性和标准化，技术的传播主要是靠符号层面上的规划来进行。建筑制度的复杂性更高，建筑设计者主要关心的是功能定义和用户界面。研究制度的有效性依赖于科学基础的存在，现代技术发展的一个重要特征，就是将现有技术与某个特定的科学领域相结合。[1] 新制度的出现总会伴随着新角色的承担，文化和制度的惯性会减缓技术的发展，技术的发展则要求新的制度产生。从其发展来看，技术融入组织的过程是主动的、缓慢的。

奥利科夫斯基提出了技术的结构化理论来解释技术自觉嵌入组织的过程。他认为，之前对技术的看法属于错误的二分法，要么把技术看成自身演进的客观力量，要么看成社会建构的产物。结构化理论认为："技术是人类行动的产物，同时也体现出结构属性。"技术的产生和应用离不开特定的情境，它会被特定情境中的使用者根据技术自身特点建构，又被行动者赋予在不同情境中的意义，强调对不同情境和不同特点的社会的建构。"技术一旦被开发出来并投入使用，它就会变得具体化和制度化，与建构它或给予它意义的行动者失去联系，并成为组织客观结构属性的一部分。"[2] 在技术的设计过程中，设计者会将组织规则植入技术中，比如特定解释框架（对特定工作进行自动化所使用的知识和规则）、特定设备（技术应用的工作资源）、特定规则（组织完成技术工作的规则）的限制。在之后的使用过程中，使用者将会对技术进行调试，通过基于共同场景赋予技术共享的意

---

[1] [英]约翰·齐曼.技术创新进化论[M].孙喜杰，曾国屏，译.上海：上海科技教育出版社，2002：260.

[2] 邱泽奇.技术与组织：学科脉络与文献[M].北京：中国人民大学出版社，1995：215.

义进而影响他们对建构中的解释框架、设备和规则的调用,进而允许这些因素影响技术工作的执行。在技术的设计和使用中,技术都会被行动者赋予不同意义并给予改变。在使用过程中,行动者赋予技术共享的意义也就是宣扬一种技术文化,承认技术使用的意义。当技术成为一种习惯,行动者就不会质疑技术的稳定性及技术使用的程序化问题,技术已成为组织运行的一部分,它可以脱离组织的使用者而独立发挥作用,这也就是所谓技术内嵌到组织过程。

芳汀认为,信息技术不能决定组织机构绩效评估的方法或标准,但是当将绩效评估的程序安装到电脑里,使数据收集变得容易时,信息技术的优势就显现出来了。这时,内嵌在软件中的规则明确地界定了组织成员的各项任务,基于信息的组织就会灌输一种新的组织文化,这种文化使组织控制变得容易。因此,"内嵌在软件中的规则微妙但却清晰地界定了每项独立任务的不同方面"[1]。内嵌性意味着技术成为制度或环境的一个组成部分。技术一旦制度化就会成为组织运行过程的一种程序,它与其他环节相结合会影响组织各个环节的开展,"组织的技术制度化并成为与组织联系在一起的神话。生产、会计、员工选择或数据处理的技术性过程,被理所当然地认为是完成组织目标的手段"[2]。当信息技术成为组织制度的一部分时,组织对信息技术的使用就会由被动变主动。技术的制度化会重新修正组织的目标,并围绕新的目标来制定新的方法。同时,技术使组织充满了自信,以前受工业技术限制无法解决的问题在新的技术条件下则变得容易。这样,在组织将来的活动场域中,组织技术就会转化为组织具体活动的规则。当科层制组织意识到信息技术的好处时,就会主动引入新技术,"无论如何,组织必须跟上技术领域的发展,因为这对它的不断成功是至关重要的"[3]。

---

[1] [美]简·芳汀.构建虚拟政府[M].邵国松,译.北京:中国人民大学出版社,2010:37.

[2] [美]沃尔特·W 鲍威尔,保罗·J 迪马吉奥.组织分析的新制度主义[M].姚伟,译.上海:上海人民出版社,2008:49.

[3] [美]理查德·H 霍尔.组织:结构、过程及结果[M].张友星,等译.上海:上海财经大学出版社,2003:229.

第四章
保守与创新意义上的信息技术

实际上,技术诱发组织制度变革的过程会使组织陷于被动。如前文所述,信息技术使虚拟政府出现,一定程度上实现了整体性治理、无缝隙治理。信息技术为政府提供了新的公共服务的手段,这种手段使政府和公民对它的依赖性更强,从而加快电子政务的发展速度。尽管信息技术在政府的日常运作中已被广泛地应用,并且大部分地方政府都已有自己的门户网站,采用了电子政府的运作模式;但是,大部门地方政府对信息技术的应用还停留在对信息技术使用的初级阶段。信息技术在政府中扮演的角色仅限于用来改善政府的工作流程,提高办事效率,比如地方政府门户网站的建立。政府利用信息技术确实促进了政府与公众的沟通,实现了公共服务外包,为公众提供了更快更好的服务,但是信息技术对科层制组织所起的作用是否仅此而已?其实,信息技术所起的作用不仅如此,如果只看到信息技术的工具性作用,那么信息技术的潜力并没被挖掘出来。

当信息技术内嵌为组织的一部分,意味着组织会主动调整自己,做变革的引导者。"我们无法左右变革。我们只能走在变革的前面。""要成为变革的引导者,组织需要有决心和能力改变现有的状态,同样也需要有能力开创新事业和做不同的事情。"① 针对信息技术的社会环境,组织变革最重要的是具备对信息的整理、分析和解释能力。信息技术使组织拥有大量的数据,大数据并不等同于信息,当这些数据没被整理时,会给组织带来决策混乱。所以,数据以什么样的方式排列和呈现,决定了它将提供什么样的信息。组织要做变革的引导者,不仅是通过技术手段在组织内实施控制,而且是具备对信息的解读能力。科层制组织要主动培育对信息技术的解读能力,走在技术的前列,这样才能将技术对组织的牵制作用转化为组织对技术的充分利用,从而走在技术的前面。

引导组织的变革,需要充分发挥组织管理者的作用。"领导技术实施的拥护者应该尽可能地位于组织的高层。他们应该是变革的有声有色的支持者,指引组织的发展方向。"② "组织成员常常会等待高层管理人员发出'我们希望这

---

① [美]德鲁克.21世纪的管理挑战[M].朱燕斌,译.北京:机械工业出版社,2006:50.
② [澳]诺玛·哈里森.技术管理[M].肖勇波,等译.北京:清华大学出版社,2004:73.

样'(或者'我们真的不是这个意思')的信号。"① 组织高层管理者的态度与行为会影响组织全体成员的态度与行为。如果变革方案没有高层领导者的支持与响应,也很难获得其他成员的认可和参与。组织变革需要组织领导者的积极支持,这时,变革型领导者需要帮助员工开阔眼界,让他们从只关心自己的部门利益和眼前利益的狭隘思想中解放出来,引导人们逐渐认识变革、参与变革。组织变革的愿景是管理者激发组织员工参与变革的重要目标。所以,领导者既要激发员工参与变革的热情,也要以实际行动参与变革,做好表率。

  组织要自觉变革,就要使变革具有持续性,它不是只与组织一次活动相关的事情,它必须成为组织的常态。必须"嵌入到组织活动中",必须被组织成员认为是"在组织中我们做事情的方式",必须成为组织文化的一部分。②技术的发展是不断进步的,组织采纳技术的过程也需不断地引入信息技术。因此,技术对组织的改造也是长期性的。一旦组织认识到变革的持续性和重要性,就会自觉变革,这样,组织管理者和组织员工的积极性都会被调动起来,组织对技术的变革就会从被动接受和适应转变为对它的积极利用,技术推动的组织就会由自然演进转化为自觉变革。

---

① [美]伊恩·帕尔默,理查德·邓福德,吉布·埃金.组织变革管理[M].金永红,等译.北京:中国人民大学出版社,2009:325.
② [美]伊恩·帕尔默,理查德·邓福德,吉布·埃金.组织变革管理[M].金永红,等译.北京:中国人民大学出版社,2009:322.

第五章　科层制组织变革的未来

通过信息技术与科层制组织相互建构的历程来看，发现随着信息技术的不断升级换代，科层制组织也在不断调适其组织结构、组织制度。尽管如此，与工业技术相适应的科层制组织已不能满足信息社会的需要，信息社会呼唤新的组织形态。

第一节　科层制组织的适应领域

现代科层制组织是工业社会的产物，适应了工业社会发展节奏比较缓慢、社会相对稳定的环境，尤其是在处理社会经常发生的、常规化的任务处理方面有独特的优势。

一、科层制组织的优势

韦伯在对封建科层制和现代科层制对比之后，认为现代科层制具有无比的优越性。韦伯对现代科层制的经典概括使之成为现代组织模式的雏形。随着科层制组织在实践中取得的成就，其理论研究也逐渐丰富，由此在20世纪五六十年代，科层制组织模式被称为经典组织模式。这种经典的组织模式具有很多的优点。

第一，可预测性。韦伯将科层制组织比喻为一架机器，该机器具有运转精确、持续等特征。在相对稳定的环境里，在其他条件不变的情况下，组织可以根据计划安排、投入预算来预测行为结果。韦伯认为依据制度管理的国家是可以对结果进行预测的，制度的一个重要的作用就是根据投入来预算产出，通过对组织投入的数量和用途可以预计组织的产出和效应，因此，可预测性是其重要的特征。科层制组织的可预测性确保了组织行为的确定性，从而使行为后果处于可控范围之内，保证组织稳定性。

第二，稳定性。科层制组织的稳定性通过档案保存、规章制度来保证。科层制组织的稳定性既可以使其不断地加强自身建设，也可以源源不断地为社会提供服务。明茨伯格认为，在稳定的环境里，组织能够把自己的运营核心保护起来，使之不受外界环境的影响，并且可以把运营核心的活动标准化（制定规章、工作规范化、规划行动），或对它的技能进行标准化。① 科层制组织在相对稳定的环境里，发展出了具有稳定性的程序化工作方式和规章制度，它之所以能在 20 世纪五六十年代实现其运转，跟其具有稳定性的制度和规范有很大关系。弗雷德里克森认为，公共组织组织起来的目的通常在于完成一项给定的任务或提供一项特定的服务，而且它们应该是稳定的、受命的、可预见的、具有不竭的财源并且在公共部门中占有合适的位置。另外，组织还有工作人员和规章制度，所有这一切的结果便是秩序和稳定。②

第三，专业技术。科层制组织一个重要的特征就是对任职资格的限定。科层制组织有职业官员和技术专家两种，尽管韦伯没有将这两种专家区别开来。不论是哪种专家，都必须具备一定资格才能成为官员。官员资格的认定通过考试来把关，以此来区别政务官。而技术专家也是依据其掌握的技术知识来发挥专家的作用。科层制组织依据大量的技术专家来从事管理活动。官员技术资格的设定可以保证科层制组织的决策的有效性和组织运作的高效性。

第四，控制机制。科层制组织通过命令和规则来实施控制。命令具有不可抗性，科层制组织的命令保证了政令的上下一致和准确执行。另外，科层制组织是根据其正式目标来运行的，组织通过遵守规则和程序来协调组织活动，组织活动都必须遵守组织结构的规定。科层制组织设置了具有普遍性的规则来应对组织的各种情况，对于组织的特殊情况，也是通过继续制定规则

---

① [加] 亨利·明茨伯格. 卓有成效的组织 [M]. 魏清江, 译. 北京：中国人民大学出版社，2007：157.
② [美] 乔治·H 弗雷德里克森. 新公共行政 [M]. 丁煌, 方兴, 译. 北京：中国人民大学出版社，2011：33.

的方法来应对。这样，组织的规则越来越多，涵盖的范围为也越来越广，它控制的领域也不断加大。"科层制在政府组织中的表现就是在组织的各个层级都有成文的规章制度和不成文的规则控制着公务员的行为。"[1]

第五，理性化。理性的持久性企业、理性的簿记、理性的技术及理性的法律、理性的精神、理性的生活态度以及理性的经济伦理。[2]理性被韦伯看作是一个重要的优点。科层制组织需要理性地从事生产活动，理性地保证运行效率，需要制定理性的规章制度来保证组织内部的正常工作，人和组织都遵从理性经济的原则。理性化可以杜绝任人唯亲、感情用事，使组织行为具有可控性。同时，理性化要求个体按照组织规则行事即可，个体的思想、情感都被排除。

科层制组织模式的优势使其发展为一种正规组织，也正是这些优势使理性决策和行政效率得以最大化。基恩认为，正是由于科层制组织的特征使其在现代条件下能不屈不挠地发展，就像现代机器对各种形式的手工生产的取代。"科层组织的主要优点是它的技术效率，因为它重视精确性、高速度、熟练控制、持续性、判断力，以及最佳的投资收入比。这是一种彻底摒弃了个人化关系和非理性考虑的结构。"[3]库珀这样来论述科层制组织的优势，它在维持一致性、稳定、高效、理性、预见性与专业性方面具有无可比拟的优势，同时它也是一种把政治因素和人为因素对组织决策的影响降到最低的组织形式。除此之外，它还有助于明确界定个人的职责、职权和责任。[4]

二、科层制组织任务的处理

科层制组织在其发展过程中历经多次变革仍然继续存在，表明它仍有存

---

[1] 苗俊玲. 我国公务员职业倦怠的成因及对策探析 [J]. 领导科学，2012（3）：59-60.
[2] [德] 马克斯·韦伯. 韦伯作品集Ⅱ [M]. 康乐，等译. 桂林：广西师范大学出版社，2004：181.
[3] [美] 罗伯特·K 默顿. 社会理论和社会结构 [M]. 唐少杰，等译. 北京：译林出版社，2015：347.
[4] [美] 菲利普·J 库珀，等. 二十一世纪的公共行政：挑战与改革 [M]. 王巧玲，李文钊，译. 北京：中国人民大学出版社，2006：200.

在的合理性。任何组织都是为解决特定问题而生的，科层制组织的产生适应了工业社会大规模生产的需要。那么，其解决的特定问题是什么呢？

托夫勒认为："一个社会只要相对稳定和不变，它对人们提出的问题往往是常规的和可预测的。处于这种环境的组织是相对持久的。"① 依据组织承担的任务可以将组织分为"常规组织和任务型组织"②。常规组织承担的是经常出现的、常规性的任务。与常规组织不同的是，任务型组织承担的是不经常出现的、非常规性的任务。常规性任务的特征是任务重复出现，组织对这类任务的处理依据其惯常的程序化的办法就可以。对于新的经常重复出现的问题，组织在多次处理后会生成稳定的处理模式。非常规任务则是那些一次性出现的、不具有重复性的任务。显然，科层制组织属于常规性组织，承担的是常规性任务。稳定的社会环境需要解决的常规性任务显然多于非常规性任务。在工业社会向后工业社会的发展过程中，经历了工业技术向信息技术的转变，而技术的更新换代及技术引起的社会变革是逐渐推进的，社会生产力的提高无疑跟技术的变革有直接的关系。但是技术的变革并没有带来社会的急剧变革，因此，常规性任务的解决是稳定社会的首要要求。

常规性任务的解决对组织员工知识和技能的要求也是相对较低的。常规性任务"可以根据既往的经验以及在经验基础上所确立的标准和程式"③来解决。经验判断和程式化并不意味着官员知识仅限于实践知识。科层制组织的行政管理根据知识可分为专业知识和公务知识。专业知识主要是技术官员掌握，非技术官员掌握公务知识。佐藤庆幸认为，官员具备的专业知识不仅仅是作为专家所拥有的，更重要的是作为综合管理人员所必须具备的综合性专业知识。就知识的内容与本质而言，技术的专业知识与管理方面的专业知识是完全不同的，但是这二者在同一组织中绝不能相互对立、相互矛盾。所以，科层制组织中的官员非常厌恶成为专家。一旦成为专家，

---

① [美]阿尔温·托夫勒.未来的冲击[M].孟广均，等译.贵阳：贵州人民出版社，1985：141.
② 张康之，等.任务型组织研究[M].北京：中国人民大学出版社，2009：35.
③ 张康之，等.任务型组织研究[M].北京：中国人民大学出版社，2009：36.

成为某项工作不可缺少的存在，就不可能顺利地进行人事调动，地位升迁就会很慢。所以，从事管理的官员不仅表示不要成为专家，实际上很多人都不想真正掌握专业知识。由此看来，官员掌握的实践知识就足以应付常规性任务。

常规性任务的主要内容是提供标准化的生产和服务。奥斯本认为，科层制组织因其大规模生产提供人们的基本生活需要，并且为社会不同人群提供保障性的服务，为社会发展提供公平和稳定，因此，在很长一段时间内受到社会的欢迎。工业社会的发展尤其是"二战"以后，社会处于极度贫困状态，人们最基本的需求都得不到满足，公共服务设施提供明显不足，各国都面临着发展的迫切性，科层制组织以大规模标准化的生产，在提供基本的公共设施的同时，还可以满足人们多方面的需求，因此，标准化也是科层制组织的优势。梅洛－庞蒂认为，工业化时代给世界带来的是机械化大生产，即在统一的时间和场所从事标准化的可重复的生产活动。

组织面临的任务既有常规性的，也有非常规性的。通常情况下，常规组织没有办法完成非常规任务，而且也不愿意为完成这种任务去冒风险。而非常规任务是一些全新的问题，没有经验可循。因此，设立任务型组织就成为最好的处理方法。任务型组织主要是根据任务的不同类型设立有针对性的处理方法。但是随着任务的完成，任务型组织继续存在的意义就消失了。因此，任务型组织需要解散，解散意味着组织人员的合理安置。而公共部门中任务型组织在任务解决后会继续滞留下来，甚至转化为常规组织，结果，造成了公共部门的膨胀。[①] 所以，公共部门对待任务型组织的态度非常谨慎，只有在任务非常紧迫的情况下才去设立，这时往往错过了解决问题的最佳时机，导致问题不能很好地得到解决，那么，当非常规任务得不到合理解决时，它遗留的问题一旦与社会发展的诸多因素相结合，可能会造成更大的问题。因此，科层制组织设立任务型组织的初衷是好的，但结果却是给组织发展带来了困境。

---

① 张康之，等. 任务型组织研究 [M]. 北京：中国人民大学出版社，2009：50.

第二节　科层制组织的式微

韦伯对科层制组织的经典概括体现的是组织的理想模型，是对组织的静态特征的描述，现实运行中的组织既无法完全按照科层制组织原则来建构，也无法走出运行的实践困境。随着社会的发展，对科层制组织的理论和实践批判从多个层面展开并且越来越烈。这种状况表明了科层制组织无法满足信息社会的发展要求，社会急需一种新的组织模式。

一、科层制组织的理论困境

对科层制组织理论的批判颠覆了组织建构的前提和原则，本书从组织、政治和伦理三个角度对其受到的批判进行总结。

（一）从组织的角度

从组织的视角来看，效率是其关注的核心。组织的结构、制度始终以效率作为统领，凡是能促进组织效率的制度和结构都是合理的。科层制组织产生之初是以高效为荣的，但是，从20世纪中期起，它却成了低效的代名词。科层制组织作为一种组织形式，是为了实现特定的目标而设置的，效率是实现目标的最重要的维度，如果效率不能实现，科层制组织的合法性也会受到质疑。

默顿对科层制组织的抨击是多方面的，其中，"目标替换"反映了科层制组织中存在的根本性问题。科层制组织作为一个正式组织，它强调的是正式规则、明确的控制机制，它通过不断地向组织成员反复灌输规则控制，以保证组织成员对规则谨慎而可靠地遵守。规则灌输的目的是实现效率，但是，在实现效率的同时，也产生了意外的后果：组织成员不再将组织效率的实现作为直接目标，而是将遵守规则作为其直接目标。于是，一种工具性的价值就变成终极性的价值，这时，"目标替换"就发生了。默顿紧接着分析了造成

"目标替换"的结构性原因：(1) 科层制的规则和规范要求功能价值以外的象征意义；(2) 对规则的了解都形成了规则专家；(3) 规则的弹性没有做到一视同仁；(4) 政府机构不存在竞争对手，没法去谋求新的职位。[①] 最终，这些规则成了一种符号性的规定，而不是功能性的。规则因成为目的，并且不具有灵活性，反而阻碍组织效率的提高。

"目标替换"的主要表现就是形式主义或者仪式主义。官员对每一个约束自己的行动规则都了如指掌，严格按照自己的职责规定以及被赋予的权力来行动，官员成为僵化的行动者，因此，对规则的遵从的形式意义更大于实质意义。形式主义更严重的后果是造成组织效率低下：官员将工作当成一种执行程序化的活动，在规定的时间和地点在规定的工作场所工作，至于这种活动能带来多大效率，他们并不关心，他们只注重工作的形式。

克罗齐埃直截了当地指出，科层制是低效率的。科层制存在着"恶性循环"的事实，"恶性循环"是由以下四种情况造成的：第一，非人格规则的详细规定。这一规则对各种职务及大多数情况下应遵循的行为都作了最详细的规定。规定得越详细，下属的自由度越小，越不利于任务的完成。第二，决策的集权化。集权化虽然可以保持组织的稳定，但它是剥夺组织内部人员自由权的第二个手段。第三，部门内部等级的隔离。组织内部根据等级类别来划分，等级将上下级分隔开，组织内部沟通严重缺乏。这一状况布劳将之总结为"等级地位的彼此孤立"。第四，平行权力的存在。组织中总有不确定性的因素存在，也就是说组织中总有规则触及不到的地方，那么，不确定性的领域越大，越有可能发展平行权力。平行权力的存在又引发了新的规则制定，这样就使组织变得更加刚性。由于以上四种情况的存在，造成了组织绩效不佳，并产生了令人失望的情绪，这对组织的进一步发展造成了不良影响。"科层组织体系是这样一个组织体系：它的平衡建筑在一系列相对稳定的恶性循环上，它在非人格化和集权化的氛围中得到发展。"[②]

新公共管理针对效率低下的问题，提出了市场化的出路。新公共管理主张

---

① [美] 彼得·布劳，马歇尔·梅耶.现代社会中的科层制[M].马戎，等译.北京：学林出版社，2001：140-141.
② [法] 米歇尔·克罗齐埃.科层现象[M].刘汉全，译.上海：上海人民出版社，2002：235.

引入企业家精神，引入竞争机制；将公民当作顾客，主张顾客导向；主张政府分权，使用公共服务外包等方式来提高政府效率。新公共管理的理论和实践对传统的科层制组织模式而言，可谓是一场翻天覆地的变革。新公共管理从其实质来看，就是极力主张向私营部门学习，以私营部门的管理方式来激活科层制组织的活力。由此看来，新公共管理想解决的也是组织的效率问题。

（二）从政治的角度

从政治的角度来看，科层制组织是一个集权化的组织，集权历来是民主的对立面，因此，科层制组织不利于民主的建设和发展。"民主是一种制度和政治文化。民主意味着公民自己统治自己，而不是通过选举社团并通过其领导来形成意见并去执行。民主作为政治文化可以来规范行为，同时也是一种治理框架。"[1] 民主首先意味着公民对自己政治事务的自主管理，民主意味着参与，"参与是一种加强沟通和发展团结的有效方式"[2]。而在科层制组织中的情况正好相反，"在韦伯那里，科层制首先是作为一种统治工具而存在的，然后才被作为一个管理组织而加以探讨的。这就是科层制的统治视角。统治的视角其实也就是政治的视角"[3]。科层制首要的作用是实施统治，其次才是行政管理。在管理中，科层制依靠自上而下的权力等级体系维持统治，组织的每一个人只要遵守这个权力体系的规定即可，无须发挥其主动管理的职责，因此，很多现代科层制组织在设计之时就没有考虑真正的民主。

米歇尔斯以社会主义政党组织为例论述了科层制组织的产生过程，该过程也是普通职员丧失管理权的过程。"在组织相对强大的地方，民主化的程度反而很低。"[4] 随着组织的发展，它所面对的行政管理的任务也越来越多，越来越复杂，这就要求组织具备的专业化的水平也越来越高，以便高效处理复

---

[1] Philip Selznick. Leadership in Administration[M].Berkeley: University of California Press, 1984:115.

[2] Philip Selznick. Leadership in Administration[M]. Berkeley: University of California Press, 1984:15.

[3] 张康之. 寻找公共行政的伦理视角 [M]. 北京：中国人民大学出版社，2002：52.

[4] [德] 罗伯特·米歇尔斯. 寡头统治铁律[M]. 任军锋，译. 天津：天津人民出版社，2002：28.

杂的事务。对专业技能的要求将普通民众排除在外，他们只能将自己的行政管理权交给那些专业官员。"而普通职员唯一能做的就是接受最终的工作报告，以及偶尔任命的特别调查委员会。"①组织内的劳动分工的细化，处理不同的问题需要不同的权威。这样，行政权威也不断分化，于是，一个责任明确的等级制就产生了。因此，严格遵守等级制度规定就成了对组织职员的要求，而技能的分化产生的等级体系保证了政党机器的顺利运行。

卡蓝默则从治理的角度对民主进行了反思。他认为，全世界都面临着公共管理和公共伦理的双重危机。因此，我们需要开拓新的视野，重建共同的的伦理基础，为我们赖以生存的地球提供新的精神指导和治理体制。为了实现这个伟大的目标，一个重要的前提就是打破对"民主"的迷信。②根据民主的原则，每个人在地方管理中都有发言权，并参与对共同的未来的建设。但是在现实的行政领域，国家总是将其垂直管理延伸到社会领域。卡蓝默认为，不论是行政区域的建设模式还是行动的规则和评估模式，都倾向于采取部门化的做法来解决问题，而部门化的做法是根据千篇一律的规则自上而下地确定部门政策。这样做的最终结果就是公共行政领域被分割成数不清的相互重叠的机制。这种自上而下的等级体制无疑是排斥其他社会主体参与的。因此，卡蓝默认为，治理才能使民主的精神得以真正发展。治理不是依靠纯粹的强制，治理必须在社会中引起回应或支持。而民主的一贯趋势就是将合法的当成合理的。治理的前提就是给每个行动者以发言权。每个行动者指的是处于底层的社会群体，无论是乡村的农民组织还是城市社区的居民组织，都有参与对话的资格。卡蓝默主张合作治理，对于科层制组织来说，纵向的垂直体系阻碍了组织任务的完成，因此，组织内部要依据合作的精神来加强横向协调。同时，建立与社会的合作治理体系，使社会主体充分参与进来。

奥斯特罗姆的多中心治理理论也是旨在打破科层制的垄断，主张基于公共选择理论来建构民主治理体制。他认为，充分发达的科层制把公民看成了

---

① [德]罗伯特·米歇尔斯.寡头统治铁律[M].任军锋，译.天津：天津人民出版社，2002：29.
② [法]皮埃尔·卡蓝默.破碎的民主[M].高凌瀚，译.北京：生活·读书·新知三联书店，2005：4.

依附性的群众，使其从政治主人变成了行使民主的外人。充分发达的科层制也使宪政规则变得没有意义。于是，科层制成了排他性的政治现实。① 建立民主制行政的任务是把科层制的命令权力限制到最小，以经济、政治和司法控制结构取代单一的过分的科层机制。同时，民主行政理论关注多样性、可变性以及选民的偏好。多中心治理理论虽是主张通过分权来限制科层制组织的权力集中，但不同部门的成立毕竟会考虑不同的选民偏好，以此来体现民主。

新公共行政主张重建公共行政，对民主与行政的问题进行了批判和总结。黑堡学者在肯定科层制的作用时，也极力主张公民的参与。在行政过程中维持传统的权威是必要的，而且这是行政成熟化的积极组成部分。但是，公共行政的权威是需要获得公众认可的，所以，公共管理者需要创造各种实践来让公众参与并了解公共行政活动，从而理解他们，最终认可公共机构的权威。从现实的行政状况来看，后工业化的国家不仅与公众参与不一致，而且对公众参与失去信心。因此，公共行政的一个主要任务就是围绕公共利益的问题发起谈论，并提供相应的合法性的渠道让公众参与进来，增加民众参与的机会，扩大参与范围。其中，公众的直接参与将开启公众的实践智慧，避免盲目参与，从而促进公共行政的发展。

米歇尔斯认为科层制组织是排斥民主的，卡蓝默则是从治理的角度来反思民主的问题，主张从合作治理的角度来重构民主的理念。奥斯特罗姆则主张打破科层制的集团体制，建立公共组织的内部分权，从而间接体现民主。黑堡学者则提出了直接实现民主的途径，为公民创造广泛的参与。民主是历代人的追求，不管人们对科层体制如何抨击，民主的实现仍是离不开行政的，尽管二者有不同的价值追求。

（三）从伦理的角度

伦理学关注的是正义、公平、公正、和善，是一个内涵价值和道德准则的领域。科层制组织的伦理视角将其置于现代社会发展中，对组织中人的异化及其内含的价值进行反思，从而揭示组织发展中面临的伦理困境。

---

① [美] 文森特·奥斯特罗姆. 美国公共行政的思想危机 [M]. 毛寿龙, 译. 上海：上海三联书店, 1999：40.

第五章
科层制组织变革的未来

韦伯对科层制组织的设置是将人的因素排除在外的。科层制组织是作为正式组织的身份而出现的,它一反政治领域中的政党分赃制,体现的是制度的公正、公平以及制度的连续性,这都是保障组织发展永续性的要素。科层制组织以制度来代替人为因素,这无疑为组织的发展提供了客观的制度化的标准。但是,制度的客观性和刚性则把人的情感和欲望排除了。

《现代性与大屠杀》是一部研究"二战"当中德国对犹太民族屠杀事件的社会学著作,作者鲍曼在书中提出,大屠杀不只是犹太人历经的一个悲惨事件,也并非德意志民族的一次反常行为,而是现代性本身固有的可能。从伦理的视角对科层制组织中的大屠杀进行了探讨。鲍曼认为,当屠杀行动受单一的工具理性支配,与道德评价相脱离的时候,暴力使用就是合理的。工具理性与目的理性的分离是由两方面的原因造成的:其一是组织内部实行的劳动分工;其二是用技术责任来代替道德责任。[1]组织的劳动分工将不同的任务下达给不同的人,组织内的每个人都是在执行各自的任务,因此,他们对执行任务的后果"只有抽象的、孤立的认识;这种认识在统计学上表述得最为清楚,统计学在衡量任何结果时不会下任何判断,当然也不会下道德判断"[2]。这就意味着执行屠杀任务的组织成员只是机械地执行组织任务,对任务的后果由于限于分工的思维而无法从整体的高度来加以认识。这样,就发生了默顿的"目标替换"问题。技术责任对道德责任的代替与劳动分工关系是非常密切的,它不同于道德责任。技术责任将行动本身看成是目的,由于看不到行动的外部联系,官员自身的行动本质上就变成了结果。衡量行动结果的有效性不是道德标准,而是对规则的服从及其在特定条件的成功。分工最终的结果是,技术责任代替了道德责任。因此,官员将注意力放在眼前工作上,"道德也就归结为要做一个好的、有效率和勤劳的专家和工人的戒律"[3]。

---

[1] [英]鲍曼. 现代性与大屠杀[M]. 杨玉东,史建华,译. 南京:译林出版社,2002:132.
[2] [英]鲍曼. 现代性与大屠杀[M]. 杨玉东,史建华,译. 南京:译林出版社,2002:133.
[3] [英]鲍曼. 现代性与大屠杀[M]. 杨玉东,史建华,译. 南京:译林出版社,2002:136.

鲍曼认为，大屠杀与执行者的个性并无多大相关，它与执行者的上级及组织权威有很大关系，与权力和服从有很大关系。在一个理性至上而又丧失道德判断的社会里，人性是最主要的失败者。科层制组织体系在丧失道德判断和道德责任，而崇尚分工的社会里，发生大屠杀是符合现代工具理性的。

艾赅博和百里枫认为，组织中技术理性与专业主义的结合造成了道德真空。技术理性是现代文化最主要的特征之一，它促进了对科学的运用，并且笃信技术进步是高于其他理性的。19世纪末20世纪初，技术理性被运用于政治与社会生活。技术理性带来了专业的部门化，带来了专业化过程的无背景，因此，呈现在我们面前的是专业与学科中普遍的历史意识的缺失。纳粹大屠杀正是在技术理性与专业分工背景下的产物。对犹太民族的大屠杀是组织的集体行动，反映的是科层制组织的技术理性。行政之恶向公共生活的伦理基础提出了根本性挑战。在现代组织以及组织结构中权力的合法化面前，个人良心非常单薄，个人没有对抗组织行政之恶的办法。大屠杀表明了组织的合法权威正向邪恶的方向走去，人们需要反思的是公共服务的伦理基础，即科层制组织由于技术理至上而丧失的道德理性。[①]

从对科层制组织的批判来看，它在政治、组织和伦理方面都存在普遍的危机，这种危机反映了组织相对于社会发展的滞后性，科层制组织已无法适应社会发展的要求。而造成这种现状的最重要的原因在于构建科层制组织的技术理性及专业分工的思维。因此，组织的出路也只能是推翻组织的旧有的组建思路。在信息技术崇尚合作的思维背景下，电子政务被当成是科层制组织变革的希望。

二、科层制组织的实践困境

信息技术与科层制组织的结合产生了电子政务的实践形式，电子政务虽然一定意义上给予人们组织重构的希望，但是从它与组织结构以及民主的角度来看，它并没有使政府走出困境。

[①] [美]艾赅博，百里枫. 揭开行政之恶[M]. 白锐，译. 北京：中央编译出版社，2009：43-58.

（一）电子政务与组织结构

信息技术会带来组织结构的扁平化，减少中层人员的规模。信息技术使组织形成了四通八达的沟通网络，中层管理者所起的信息的上传下达的功能逐渐丧失，行政决策层与基层之间的联系越来越多。信息技术促使科层制组织的纵向沟通模式变成了纵横交错的多向沟通。芳汀则进一步认为，信息技术与其他的制度、文化相结合会产生虚拟政府。虚拟政府的重要内容是对政府功能的虚拟，"将那些没有关联的、权限上分离的、地理上经常分散的组织或者服务整合起来以至于表面看来天衣无缝，虚拟指的就是这样一种功能"[①]。在虚拟政府里，信息的流动和传播依靠的是网络而不是传统的科层制组织规定的正式通道，虚拟政府在网络的支持下，实现了政府内部部门之间以及政府与外部社会的信息交流与沟通。芳汀认为，虚拟政府的组织基础是网络，它改变了政府的信息传递渠道，并且将组织和服务整合起来，更强调组织间和网络间的联系，虚拟政府有着科层制组织无法企及的优势。

电子政务和虚拟政府都是对信息技术背景下科层制组织模式的探寻，究其实质，表达的都是政府的另一种工作状态，即虚拟状态。那么，电子政务或虚拟政府是否是对科层制组织结构的根本性变革呢？

从组织结构的考察维度来看，集权与分权、制度化、专业化、管理层次与管理幅度是考察组织结构的主要维度。我们从这四个维度来分析电子政务引起的组织结构的变化。首先，从集权与分权来看，电子政务使民众享有了一定的信息控制权，民众因为拥有的信息而在组织中享有权威。但是，从其实质来看，科层制组织的集权特征没有改变，权力依然掌握在组织的高层。尽管近年来民主行政要求更多的社会组织参与治理，这表面看来是政府权力的横向分化，但是社会组织享有的只是提供公共服务的职能，政府权力并没有与其他部门共享。其次，从制度化来看，科层制组织主要是依靠制度化的程序来规范组织的运行，在信息技术条件下，组织内部的制度通过网络呈现出来，从而提高了组织的执行力度。这种状况并没有改变科层制组织一以贯

[①] [美] 简·芳汀. 构建虚拟政府 [M]. 邵国松, 译. 北京：中国人民大学出版社，2010：23.

之的管理方式,信息技术条件下组织的管理依然要依靠制度和规则来进行,如果说命令和控制系统出现了松动,那也得归因于组织借助信息技术建立的监控机制的完善。因此,组织的直接命令和控制减少了,而间接的控制能力增强了。再次,从专业化来看,科层制组织依靠的是分工协作体系,电子政务因信息技术的复杂化使得分工更为细化,对技术专家的依赖得到强化。最后,从管理层次和管理幅度来看,电子政务在一定程度上减少了管理层次,但是中层管理依然存在。虽然,中层管理所起的上传下达的功能被信息技术代替了,但是,中层管理者所起的决策功能并不能被信息技术和网络取代。信息技术只是减少了中层管理者的数量,它不可能使中层管理者消失。组织中的等级体制虽然正向扁平化的方向转变,而且组织控制也在减少,但在复杂程度比较高的组织中,等级体系依然是其主要特征。由此看来,电子政务为科层制组织结构的发展注入了新的血液,使其更注重部门协调和提高组织的灵活性,但是它并没有彻底改变科层制组织的结构。正如芳汀所言:"在网络上或数据库里进行的信息整合,可能并不代表(在大多数情况下不代表)实质性的整合或者服务的整合。因此,政府机构可以实现虚拟的整合,即创建虚拟的机构,而常常无须改变自身的结构、管辖范围或者预算的独立。"[1]电子政务对政府的再造是网络流程和工作方式的再造,而不是对组织角色、组织关系和组织程序的再造,组织的实际运作仍然是在等级制结构下进行的。

在科层制组织所有要素中,显然组织结构是其核心内容,组织结构一旦发生根本性变化,就标志着组织模式的根本变化。对当前电子政务的发展,有学者认为,它并没有改变科层制组织的根本性内容。也有学者认为当前是工业社会向信息社会的过渡时期,这一时期的管理模式是"信息化社会的业务流程+工业化社会的科层制组织架构"或者说是"电子业务流程+官僚权力传导机制"。[2]过渡时期的管理模式必然带有工业社会管理思维和管理模式的因素,信息技术只是对组织流程、组织管理方式发挥了作用。还有学者认为:"网络化治理也许被认为是最有希望的代替科层制组织的形式,但是至少

---

[1] [美]简·芳汀. 构建虚拟政府[M]. 邵国松, 译. 北京: 中国人民大学出版社, 2010: 24。

[2] 陈芳. 云计算架构下云政府模式研究[D]. 武汉: 武汉大学, 2012: 44.

到目前为止，并没有改变政府的组织结构。"[1] 库珀也持同样的看法，他认为虽然科层制组织不断在寻求变革，但是当今的美国依然没有走出纵向的权威结构和横向的协商结构相交叉的模式。这些争论意味着科层制组织正在发生的变化，电子政务一定程度上减缓了科层制组织的困境，但是仅靠组织的微调是解决不了根本问题的。科层制组织运行得再好，对20世纪末的环境也表现出了滞后性，"人们对行政机关的期望也在改变。仅仅微调组织结构或学习如何更好地管理等级制组织终归是不够的"[2]。

（二）电子政务与民主

电子政务是信息技术与科层制组织相结合的产物，是信息技术在科层制组织中具体应用的表现。电子政务就是借助信息技术和互联网来实现政务部门的管理职能、服务职能、监督职能等。电子政务被赋予了多样化的意义，杨路明等对电子政务的总结具有代表性。他认为，人们对电子政务的描述可以分为三个层次：从广义上来说，电子政务"是把工业化模型的大政府转变为新型的管理体系，以适应虚拟的、全球性的、以知识为基础的数字经济"。从中义来说，电子政务"是运用信息以及通信技术打破行政机关的组织边界，构建一个电子化的虚拟机关，使得公众摆脱传统的层层关卡的限制以及书面审核的作业方式"。从狭义来说，电子政务"是各级政府机构的政务处理电子化，主要包括政务电子化和公众服务电子化等在计算机上进行的政府管理活动"[3]。电子政务被赋予了政治的、组织的和人性化的多重内涵。

电子政务被看成是解救民主困境的重要途径。从政治方面来说，民主是其一个重要的衡量标准。科层制组织被看成是典型的集权型组织，民主被排斥在外。在信息技术条件下，政府管理出现了民主化趋势，以权力集中为特征的科层制组织受到挑战。电子政务促进了政府的民主化：第一，电子政务

---

[1] 竺乾威.官僚化、去官僚化及其平衡：对西方公共行政改革的一种解读[J].中国行政管理，2010（4）：47-50.

[2] [美]菲利普·J库珀，等.二十一世纪的公共行政：挑战与改革[M].王巧玲，李文钊，译.北京：中国人民大学出版社，2006：201.

[3] 杨路明，等.电子政务[M].北京：电子工业出版社，2010：4.

有利于政务公开。政务公开、信息公开是民主社会的基本要求。电子政务建立后,将政府的工作流程、服务项目、收费标准都在网上公布,并通过网络来提供服务,这大大增加了政府的透明度,提高了政府的办事效率。此外,电子政务的推行,将政府采购、审批等易滋生腐败的环节,都置于公开的状态,一定程度上增加了公众对其的监督,从而有效遏制了腐败。第二,电子政府为民主参与提供了渠道。"电子政务是确保所有公民有机会参与决定自己事务的方式。这种状况直接影响公民的生活质量。"[①] 公众参与是政治现代化的体现,也是衡量政府合法化的重要标准。对于政府而言,参与的基本观点认为,管理者是不可能收集到与决策相关的所有信息的,而且理性的不周全性,也会对决策制定造成不良影响。因此,如果排除公众的参与,将会造成政策上的失误。在传统的科层制组织中,民众与政府直接对话也是比较困难的。代议制民主制度下,仍然无法保证民选代表代表的是人民的利益。电子政务为政府与公民的直接对话提供了平台。在信息技术条件下,民众则可通过政府门户网站来了解政府正在做和将要做的事情。尤其是在决策方面,公众参与可以减少决策风险。政府在重大政策出台之前都会在网上公布相关内容,并广泛征集民众意见,经过多方代表共同协商,最后制定政策。制定政策的过程,充分体现了政府行动的透明度,促进了政府参与的民主化。

电子政务虽然在一定程度上弥补了科层制组织民主的不足,但它并没有实现真正的民主。目前来看,数字鸿沟的存在直接影响了民主的发展程度。信息技术下,网络参与的前提是能够利用这种技术,并且能有效地表达自己的意见,这涉及民众的经济能力和知识水平。目前来看,虽然世界上大部分国家和地区都有网络,但是,仍然存在不上网的人。数字鸿沟成为一种普遍的现象,不论是发达国家还是发展中国家都存在。数字鸿沟现象就是各国各地区等信息化发展程度不一的说明。"数字鸿沟是全球数字化进程中,不同国家、地区、行业、企业、人群之间,由于对信息、网络技术的占有和应用程度的不同所造成的'信息落差''知识分隔''贫富分化'问题。"[②]

---

① Hamid Tohidi. E-government and its different dimensions: Iran[J]. Procedia Computer Science, 2011(3):1101-1105.

② 胡延平. 跨越数字鸿沟 [M]. 北京:社会科学文献出版社,2002:12.

数字鸿沟在通向民主的道路上无疑是一种阻碍因素。卡斯特认为，由于不使用互联网的公民的大量存在，影响了政府进步的步伐。如果政府官员利用信息技术将服务主要提供给商人和中产阶级，那么，政府的回应性也会降低。而目前制约电子政府发展的最重要的影响因素是数字鸿沟的存在。民主首先意味着公民享有平等的权利。罗尔斯认为，在一个充满正义的社会里，在平等的前提下，公民享有的自由权是绝对的，它不受政治体系和经济利益的支配。"一种机会的不平等必须扩展那些机会较少者的机会"①，社会为公民做的任何一件事情都必须考虑到处于最差地位的社会群体的利益，在此前提下，才能推进其他的改善措施。在一个公平的社会里，任何人都享有对社会的"基本善"的分配，而政府则负有提供"基本善"的主要义务。对于电子商务来说，提供商品或服务时可以将不利用网络的人排除在外，"政府却不能，因为不管它的顾客拥有什么层次的技术，它必须让每一个人在相似的条件下都可获得它的服务"②。政府给社会提供的是公平、公正的服务，而不是将某些人排除在外。数字鸿沟的存在则不仅影响社会的公平，而且会损害政府的形象。

信息技术还有可能被利益集团利用和控制，从而使其成为破坏民主的工具。在发达国家，政治权力往往被利益集团操纵，民主的发展趋向也被他们控制，政策的制定往往成为利益集团博弈的结果。因此，人民利益被代表就变得不可能。③信息技术作为技术的一种，它既可能被用来实现民主，也可能为利益集团所用，它被作为对用户进入资格限制的工具，甚至还可能被激进团体和反科层制组织作为危害社会的平台。

此外，民众的素质和知识也是限制参与的因素。信息技术使民众发表意见变得容易，但是民众的知识水平和参与素质决定了他们参与的深度和广度。如果让民众参与所有的事情，务必会给政府决策带来麻烦，从而增加决策的

---

① [美]约翰·罗尔斯.正义论[M].何怀宏，等译.北京：中国社会科学出版社，1988：292.
② [澳]欧文·E 休斯.公共管理导论[M].张成福，等译.北京：中国人民大学出版社，2007：227.
③ 董礼盛，刘作奎.发达国家电子治理[M].北京：社会科学文献出版社，2012：260.

成本和风险。因此，政府有必要建立合法的规范去限制民众参与的范围和程度，但这会给民主带来困境。"最大限度地参与并不总是需要的，仅仅是在合作已成为前提的条件下参与才有效。"① 因此，信息技术在某些时候倒成了民主的绊脚石。

由此看来，电子政务并不直接等同于民主，它只是为民主提供了一种技术平台，为公众参与以及民主决策提供了可能性，它并不能解救科层制组织的民主困境。电子政务为政府与第三部门的合作提供了渠道，但是，多中心治理并不肇始于电子政务。由此看来，电子政务的出现并不能解决科层制组织存在的行政分权与民主集权的矛盾。

综上所述，电子政府在各个方面并没有表现出巨大的潜力。正如休斯所言："在政府变革过程中，电子政府并没有成为一种新的现象，电子政府给出了很多的承诺，尤其是在招揽生意方面，但现实是平淡的。"② 伴随着电子政府的发展，很多问题也随之产生，电子政府也无法解决这些问题。

三、告别科层制

科层制组织适应的是工业社会的节奏，组织内部决策与执行完全分离，在相对稳定的社会里，这种体制还可运行。信息社会发展速度的加快无疑对这种决策体制形成挑战，决策从制定到执行所延误的时间已使科层制组织危机重重。"与工业主义相适应的科层制组织，体现了技术统治论的，世界被分为管理者和劳动者、制订计划者和执行计划者，由一方为另一方做出决策。当变化的速度达到超工业的速度时，这种只适应以工业化速度发展变化的体制就会崩溃。"③ 科层制组织向信息技术的求助也并没有改变其灭亡的命

---

① Philip Selznick.leadership in Administration[M]. Berkeley: University of California Press, 1984:116.

② Oven E Hughes. Public Management and Administration: An Introduction[M]. Beijing: China Renmin University Press, 2004:196.

③ [美]阿尔温·托夫勒.未来的冲击[M].孟广均，等译.贵阳：贵州人民出版社，1985：469.

运。托夫勒认为，科层制非常适合那种需要大量中等文化程度人员从事常规操作的工作。但是随着计算机和自动化设备的出现，常规性的操作将被计算机等代替，因此，自动化非但没有增强科层制的控制，反而导致了科层制的灭亡。[①]

如前文所述，信息技术对科层制组织结构、组织沟通和组织权威起到了维护和冲击的作用，但是当信息技术在促使科层制组织结构转变、扩展组织沟通和组织权威时，信息技术所起的作用实质上是在摧毁科层制组织。今天，巨变在全球范围内发生，信息技术促成了网络社会的产生，它正以无法阻挡的力量引起社会经济的变化，并且改变了在实体空间中生存的所有的组织形式。

尽管科层制组织已无法适应信息社会的发展，但是其真正被新的组织模式替代还需要很长时间。托夫勒认为彻底根除科层等级制度需要很长时间。芳汀在论述美国政府的变化时，认为因特网将以一种全新的方式来影响到科层制组织的发展，而这种方式更多的是由制度、组织等因素决定的。也就是说，技术引起的组织变革不是直线对应的。芳汀认为，信息技术的发展已使政府发生了很大的变化，美国政府与100年前相比，其结构、规模和能力有着巨大的差异。美国现代科层政府是20世纪重新构建的。现在看来，形成美国政府根基的科层制度在许多方面都落伍了。管理体系的每一个构成要素，都得到了信息技术的修正。但是，它们仍然保持中心地位。如果要改变科层组织更深层次的结构，还需要相当多的政治协商和文化变革。

因此，组织变革既需要外部的技术环境和社会环境，也需要组织内部的制度和文化变革。就科层制组织内部的变革而言，它在面对信息技术时，"必须按照传统的自上而下的层级结构建立纵向的权力线，并根据新兴的各种网络建立横向的行动线"[②]。当信息技术对组织的每一个要素都进行重新改造后，是否意味着组织的质的变化。休斯认为："电子化政府的结果是科层制组织将

---

① [美]阿尔温·托夫勒.未来的冲击[M].孟广均，等译.贵阳：贵州人民出版社，1985：147.
② [美]斯蒂芬·戈德史密斯，威廉·D 艾格斯.网络化治理——公共部门的新形态[M].孙迎春，译.北京：北京大学出版社，2008：6.

产生剧烈变动。科层制仍将保留却会变得完全不同。"[①] 科层制组织变得完全不同显然是组织发展的根本性变化，科层制组织在经过信息技术的洗礼后，已经变得截然不同。对于科层制组织的外部环境而言，信息社会的到来已使社会发生了巨大的变化。由信息技术引起的经济变化和政治变化会对组织的发展提出新的要求，要求组织更具灵活性和开放性，以适应信息社会快速变化的节奏。芳汀意识到，如果科层制组织发生根本变革，那么组织环境也必然发生根本变化，也就是社会环境的根本变革。因此，在科层制组织的内部面貌发生根本变化，而信息社会的发展又要求新的组织模式时，科层制组织必然会被新的组织模式所取代。

第三节　信息社会的到来与合作制组织的出现

信息社会的到来需要新的治理结构和新的组织模式。合作制组织以网络为基础，以合作为组织发展理念和治理形式，将促进政府治理能力的提升，推动社会治理现代化。

一、信息社会的来临

人类社会已经经历了三次工业革命，第四次工业革命已经开始。按照德国工业4.0的定义，四次工业革命分别为工业1.0、工业2.0、工业3.0和工业4.0，其技术特征相应地表现为机械化、自动化、信息化和智能化。

对于每个时代来说，技术的演进有深刻的社会历史背景。18世纪伟大的发明以蒸汽机为代表，19世纪则以发电机为代表，20世纪的标志是互联网的出现。互联网的出现不仅让信息的传递、共享、交互突破了距离的限制，而且促发了新的商业模式和政务模式，改变了社会生活的模式，引发了思维方式的变化。

[①] [澳] 欧文·E 休斯. 公共管理导论 [M]. 张成福, 等译. 北京：中国人民大学出版社, 2007：201.

18 世纪下半叶的第一次工业革命源于英国，以蒸汽机的发明和应用为标志，人们把这一时期称为"蒸汽机时代"。1698 年和 1705 年，英国人塞维利（Savery）、纽可门（Newcomen）先后发明了蒸汽机。1776 年，瓦特进一步改良了蒸汽机。改良后的蒸汽机大大提高了效率，第一次大规模地把热能转化成机械能，直接推动了热力学和能量转化领域的发展，促进了冶金、机械等工业的飞速发展。

19 世纪后半叶到 20 世纪初的第二次工业革命以电力、内燃机和新通信手段的发明和应用为主要特征。这一时期，新的技术发明不断推进，各种交通工具和通信手段受到了人们的喜爱。电车、火车和汽车等新的交通工具很快走入社会生活。而电话、电报、无线电等通信技术的发展则大大缩短了时空距离，促进了国际贸易的发展。

20 世纪四五十年代的第三次工业革命以原子能、电子计算机和生物工程的发明和应用为主要特征。1946 年，第一台电子计算机的诞生宣告人类进入一个新的时代——信息时代。计算机和网络技术的普及，大大促进社会信息化的步伐。以新材料、新能源为代表的科技革命，将西方国家推入一个新的经济发展阶段。

21 世纪以来的第四次工业革命，以人工智能、量子信息技术、新材料技术、新能源技术等的发明和应用为标志。2013 年 4 月，德国政府在汉诺威工业博览会上正式提出工业 4.0 战略。2015 年 4 月，德国工业 4.0 平台发布的《工业 4.0 实施战略计划》报告中，对工业 4.0 进行了严格的定义：工业 4.0 表示第四次工业革命，它意味着在产品生命周期内对整个价值创造链的组织和控制迈上新台阶，意味着从创意、订单，到研发、生产、终端客户产品交付，再到废物循环利用，包括与之紧密联系的各服务行业，在各个阶段都能更好地满足日益个性化的客户需求。美国于 2012 年启动"先进制造业国家战略计划"，被称为"再工业化"，该计划从 CPU、系统、软件、互联网等信息端，通过大数据分析等工具"自上而下"重塑制造业，与德国从制造业开始，利用信息技术改造的"自下而上"的方式不同。[①]

---

① 夷萍. 中国、美国、德国：三个"工业 4.0"有何不同 [J]. 商学院，2015（10）：88-89.

2015年5月,我国国务院印发《中国制造2025》,是中国版的"工业4.0"。其中明确了9项战略任务和要点:一是提高国家制造业创新能力;二是推进信息化与工业化深度融合;三是强化工业基础能力;四是加强质量品牌建设;五是全面推行绿色制造;六是大力推动重点领域突破发展;七是深入推进制造业结构调整;八是积极发展服务型制造和生产性服务业;九是提高制造业国际化发展水平。《中国制造2025》体现的是数字化、网络化和智能化的高度结合,是制造业与信息技术的深度融合。中国"工业4.0"的目标是既要发展先进的工业技术,也要瞄准信息技术的优势,实现二者的深度融合,争取中国在第四次工业革命中的引领地位。"身为制造业大国的中国尚未成为世界级制造业强国,发展时期上也处于'工业2.0'和'工业3.0'并行发展阶段。"①

《中国制造2025》是全面实施制造强国战略、创新经济发展、提升我国国力的战略性文件。该战略以十大领域为发展的突破口,"新一代信息技术产业"就是其中的重要突破口之一。新一代信息技术产业是在传统产业基础上发展起来的,通信技术、网络技术、电子产业等是传统产业的主要内容。新一代信息技术最主要的看点不是信息技术的纵深发展,而是信息技术向其他产业的渗透、融合。以信息技术为引领,新能源技术、纳米技术、新材料技术、生物技术、量子计算等的广泛渗透和交互融合,将带动新的群体性技术的重大发现。

信息技术不仅给组织带来了变革的契机,更重要的是它已渗入社会的各个方面,由此,人们认为信息技术的产生标志着信息社会的到来。由于信息社会正处于发展之中,还没有准确的理论概括,所以,对之有不同的概念描述:"后工业社会""第三次浪潮""信息社会"等。无论将来的社会被冠以什么样的名称,信息技术显然都是其核心内容。

对信息社会首次进行定性概括的是美国学者奈斯比特,他在1982年的《大趋势》一书中对未来社会发展进行了预测,未来社会是依靠信息来推动社会经济的,人类将进入信息经济时代。托夫勒在1980年的《第三次浪潮》一书中认为当今世界正进行着一场新的技术革命,即以电子计算机、全球通

---

① 夷萍. 中国、美国、德国:三个"工业4.0"有何不同 [J]. 商学院,2015(10):88-89.

信、生物技术、海洋技术等一系列新兴技术为标志的革命，这场革命迫使学校、政府、商业、家庭等方面乃至整个社会都发生着巨大的变化，他将之称为"第三次浪潮"。贝尔在《后工业社会的来临》一书中将社会结构划分为三类："前工业社会、工业社会和后工业社会。"[①]三者的区别是社会结构的主要构成要素不同：前工业社会里，人的劳动力是主要的发展动力；工业社会以机器大生产为动力；后工业社会则是依靠知识来发展。尼葛洛庞帝在《数字化生存》一书中提出我们已经进入后信息时代，工业社会是原子时代，带给我们的是机器大生产的观念；信息时代是电脑时代，追求的是规模经济；后信息时代将消除地理位置的限制，是真正的个人化的时代。他所谓的后信息时代实际上就是网络化时代。

我国学者也对信息社会的特征作了探讨，崔保国将其概括为5个方面：(1) 信息社会在人类社会发展历程中只是一个阶段；(2) 信息社会的核心是信息技术支撑；(3) 以信息技术为中心的体系结构代替了工业时代的社会经济结构，打破了传统的国际关系；(4) 信息产业引起了生产领域、文化领域以及就业领域的变化；(5) 建立在信息基础上的知识成为社会发展的动力和财富。[②] 荆继鹏和吴正荆认为信息社会的变化主要有以下几个方面：生产方式、经济结构的变化，工作、生活方式的变化，人际交往、传播媒介的改变、社会结构的变化，信息生态问题的出现。[③]《中国信息社会测评报告（2011）》将网络社会界定为："所谓信息社会是指以信息活动为基础的新型社会形态和新的社会发展阶段。"信息活动是指以信息为基础进行的相关生产、服务、处理等的活动，包含了人类社会生活的各个方面。该测评报告选取"四个维度：知识型经济指数、网络化社会指数、数字化生活指数和服务型政府指数进行测评"[④]。《中国"智能+"社会发展指数报告（2020）》在对全国"智能+社会"和31省份发展水平的数据分析之后，认为我国目前处于"智能+"社会

---

① [美] 丹尼尔·贝尔. 后工业社会的来临 [M]. 高铦，等译. 北京：商务印书馆，1984：17.

② 崔保国. 信息社会的理论与模式 [M]. 北京：高等教育出版社，1999：102.

③ 荆继鹏，吴正荆. 信息社会学 [M]. 北京：科学出版社，2004：9-11.

④ http://www.cnii.com.cn/informatization/2014-05/16/content_1363765.htm.

的起步阶段，以新一代信息技术体系为核心驱动力，更多数字化、网络化、智能化的新应用、新模式、新体验开始全面与经济和社会相结合，我国社会仍将处于数字化、网络化、智能化"三化"长期并存阶段。①

信息社会是以信息技术为基础引发的社会政治、经济、文化的全面变革。信息社会虽然是一个正在生成的社会，但是其发展中出现的问题已使科层制组织无法应对，即使是大力引进信息技术的电子政务也并不能解决信息社会的一切需求。从本质上看，电子政府不会因其被实施而自发产生政府变革。这种技术仅仅孕育着"改革"的成功，真正使得这种潜能转变为现实的并非技术本身固有的潜力，而在于社会对其改革能力的确认和重视。②因此，由技术诱发的社会发展带来的压力才是组织变革的最重要因素。

二、合作制组织的提出

合作制组织是张康之在 2006 年《后工业化进程中的组织变革》一文中提出的，他认为，20 世纪后期以来，人类社会的治理时常被危机所困，传统的组织形式已暴露出弊端，远远不能满足现代社会的发展，需要用一种新型的合作制组织去替代科层制组织形式。"合作制组织是一种全新的组织模式，是对科层制组织以及以往一切组织模式的扬弃。在合作制组织中，组织成员拥有充分的自主性和强烈的合作愿望；在以往一切组织中，命令与服从的基线都被网络式的人际线条所替代；由于伦理关系的介入，以往组织中的权力关系和法律关系发生根本性质的改变，最为根本的是，合作制组织在组织成员的自主性中获得了组织整体上的灵活性，从而能够有效地预防危机因素的出现。"③简单地说，合作制组织是以信息技术和网络技术为载体，以制度和规

---

① 中国互联网协会，中国信息通信研究院. 中国"智能+"社会发展指数报告（2020）[R].2020.
② 郑钟扬. 从技术进步角度浅析电子政府的本质与发展路径 [J]. 电子政务，2010（7）：87-91.
③ 张康之. 后工业化进程中的组织变革 [J]. 中国社会科学院研究生院学报，2006（7）：11-18.

则为保障，以伦理关系为基础，以合作为导向的一种新型组织模式。合作制组织的出现是由社会发展条件决定的。

（一）合作制组织的出现是由信息社会的发展状况决定的

信息社会完全不同于工业社会，信息社会风险更为复杂，信息社会也是个性化的社会，信息社会的治理模式要求具备与其相适应的组织模式。

首先，风险的动态性特征更为明显。

工业社会的风险基本是孤立存在的，因此，风险的危害性相对较小。贝尔认为，今天的风险，人为建构的特征更为明显。工业社会的风险是源于知识和规范的，由于领域的分化和专业的分化使知识和规范的个性特征明显，并在行为规范中表现出来。这说明，风险更多的是人为建构的，在科学极为发达的工业社会，风险是借助技术工具测量出来的，能够加以测量的即是风险。工业社会的风险相对于人类来说，它主要是一种个别的风险，它对社会的影响相对较小，科层制组织是有能力应对的。

信息社会风险的动态性特征尤为明显。信息社会不同于工业社会，信息技术的发达提高了人们学习知识和了解知识的便捷性，这一点工业社会是无法与之相比的。仅从信息技术的客观性来看，它仅仅是一种工具，但是信息技术一旦与其他的系统相结合，它就会带来风险，而且具有不可控制性。比如，信息技术与金融系统相结合，它可能带来世界性的经济危机；与传播相结合，可能带来对某事件的报道失真而引起严重后果的问题。信息技术本身并不可怕，但是与其他社会子系统结合就会产生意想不到的结果。信息社会首要的就是对信息技术的使用，因此，对它的使用带来的风险会比工业社会源于知识和规范的建构的风险更严重。知识和规范的建构毕竟是一种静态的建构，而信息技术与其他子系统的相互关系毕竟是一个动态过程，我们无法预测动态发展的将来是什么样子，这样，采取可预测性的行动就难以做到。信息社会的风险呈现出多样性和动态性的特征，这就使组织面临的非常规性任务增多。而在后工业社会，由于人为制造的风险更为频繁，那么，就需要一种新的组织模式，这种组织模式既能处理好常规性任务，又能处理好非常规性任务。

其次，信息社会是一个个性化的社会。

工业社会的发展需要大规模的生产活动来满足人们的基本生活需求，随着后工业社会的来临，在人们的基本社会需求得到满足后，个性化的服务成为新的需要。个性化需求体现在社会的各个方面，比如个性化的信息服务，个性化的物品和劳务需求。实现个性化包括两方面的内容：一是个体可以根据自己的兴趣、爱好定制自己需要的物品和服务。二是社会有相应的制度和体制来满足用户定制个性化的需求。只有社会具备相应的提供能力，个性化需求才能得以落实。

个性化的前提是个体的解放。工业社会是一个标准化的社会，个体在标准化和制度化的生活境况下都丧失了存在的意义，更何况个体解放出来去主张个性化的服务。贝尔认为，现代化的发展不仅是国家力量和社会结构的现代化过程，也是个体化的发展过程。个体的发展表现为与宗教信仰的疏离，传统社会给个人带来的安全感的消失。[①] 贝尔认为，个体化的形成过程是一个历史发展过程，个体化的发展虽从封建制度和宗教教义中解放出来，但是又被新的制度规则所束缚。鲍曼表达了与贝尔相类似的观点。他认为，把社会中的成员转变为个体是现代社会的特征。但是现代社会在不断地分化，因此，个体不可避免地被社会的分化所影响，个体被社会各种制度形成的网络所笼罩。由此看来，在现代化的发展过程中，个体的解放并没有相应的价值观念、伦理的支撑，所以，个体也从未真正得以解放。

科层制组织作为现代社会的产物，它通过组织制度将从封建社会解放出来的个体又重新置于制度支配之下。科层制组织的理性是支配人类行为的最高准则，在理性准则之下，"目的问题似乎已经解决，现代人剩下的任务就是要为目标选择最佳的手段"[②]。组织中的个体只是科层制组织这台机器的一个螺丝钉，它的存在是可以忽略不计的，组织的目标才是引领一切行为的根本目标，组织成员不需要任何自主性。科层制组织通过详尽的组织制度进一步压制了个体的发展。

---

① [德] 乌尔里希·贝克. 风险社会 [M]. 何博闻, 译. 南京：译林出版社，2004：156.
② [英] 齐格蒙特·鲍曼. 个体化社会 [M]. 范祥涛, 译. 上海：上海三联书店，2002：184.

科层制组织是工业技术的产物，工业技术的要求是标准化，而新的技术则是允许个性化、多样化。托夫勒认为，工业社会的标准化已走到了尽头，只是在各个国家终结的提法不同。信息社会的重要的标志之一是个体的解放，科层制组织所做的是对个体自觉性和主动性的进一步剥夺，信息社会是以知识带动经济发展的社会，在信息社会里，个性化、多样化的服务和需求成为社会的基本特征。

最后，合作治理的社会需求需要一种新的组织模式。

工业社会是政府主导型的管理模式，科层制组织在社会管理中居于中心地位，其他社会组织的存在必须依靠政府，在政府组织与其他非政府组织的"中心－边缘"结构中，政府依靠权力就可以交换其生存所需的一切资源。此外，科层制组织层级的问题解决方式也能适应工业社会的发展。科层制组织的一个重要特征就是层级制，权力链条自上而下，信息传递也是如此，在风险相对较小、社会复杂程度低的情况下，层级传递式的问题解决方式并不会加剧问题的复杂性，仅是延误解决时间。因此，依靠权力而进行治理的科层制组织模式是适应当时的社会需要的。

信息社会不仅仅是一个风险社会，它意味着社会治理模式的变化。

信息社会的风险特征尤为明显，当问题出现时，信息借助网络的传递会使问题的复杂性加剧，信息的传递有可能失真，甚至会被篡改，这样的信息一旦呈现在人们面前，解决问题的方式和方法就会多种多样。因此，在信息社会里，需要人们的合作意识，风险的存在需要各种治理主体的参与和合作。而且，信息社会的风险是多种多样的，没有哪一个组织可以同时解决多个问题，也没有哪种组织是万能的。此外，社会治理主体参与治理的意识也在加强。由此，社会的治理模式已在发生变化，多中心治理、整体性治理、网络治理等都描述了信息社会需要新的治理模式。

工业社会以科层制为中心的管理模式已无法满足信息社会的治理需求。科层制组织的优势是解决常规性任务，而风险则使非常规任务成为社会发展的常态。科层制组织如果频繁地设置任务型组织，将会使组织陷入组织机构的合并、精简、组织人员的重新安置等的困境。同时，对于个性化的需求，科层制组织的大规模生产也无法满足。对于人的伦理特性、精神特征，科层制组织任何时候都会将之忽略。当社会发展的需求在其占主导地位的科层制组织无法满足的时候，必然呼唤一种新的组织形式，"新的组织理论必须构筑在与近代科层制理论完全不同的原理之上。在决策、沟通、信息、反馈等要素上，有必要形成作为'权变模型'的组织体系。说到底，这是一个彻底解决问题的体系，在这里人际关系则并非永久的，而是流动的、暂时的，因此体系的构筑必须对应于具体的问题"①。

工业社会向信息社会的变化使得社会的治理模式发生了极大的变化。整体性治理、参与治理、多中心治理等理论从不同的视角描述了新型社会治理模式，并且这些理论都看到了科层制组织模式在现代社会治理背景下的不适应，但是当社会治理结构发生变化时，与其相适应的组织模式是什么？合作制组织正是在此背景下提出的。

（二）合作制组织是对科层制组织的扬弃

科层制组织在其发展过程中，为了保持其生命力，也在不断吸纳各种新鲜血液。学习型组织、虚拟政府的提法都表明了政府科层制组织所发生的变化。

学习型组织是彼得·圣吉在《第五项修炼》一书中提出的，他认为，学习型组织是非常重视组织学习的，也是一个不断创新的组织。"在其中，大家得以不断突破自己的能力上限，创造真心向往的结果，培养全新、前瞻而开阔的思考方式，全力实现共同的抱负，以及不断一起学习如何共同学习。"②学习型组织提出了创建该种组织的五项修炼，通过整合五项修炼而形成。在五项修炼中，系统思考是组织建构的核心。学习型组织重视的是组织学习，通过不断学习、不断创新进行改革。学习型组织虽然看到了组织学习的重要性，但是组织的学习仍然是在科层制组织内部进行的。因此，学习型组织并没有建立一种新的组织结构，它是"近20年来最具活力、最受关注的一种新

---

① [日] 佐藤庆幸. 官僚制社会学 [M]. 朴玉，等译. 北京：生活·读书·新知三联书店，2009：254.

② [美] 彼得·圣吉. 第五项修炼：学习型组织的学习与实务 [M]. 郭进隆，译. 上海：上海三联书店，1998：2.

型组织理念"①。

虚拟政府是随着信息技术和网络的发展而出现的。"虚拟政府就是根据虚拟机构、跨机构及公共－私有网络三个方面组建的政府，该政府的组建方式和运作能力取决于因特网的发展。"②芳汀详细地论述了信息技术与制度的相互作用促成虚拟政府产生。虚拟政府是信息技术和网络的产物，它不仅有"实"的形态，而且有"虚"的形态。但是，虚拟政府是否依然在科层制模式下运行？芳汀经过分析，认为虚拟政府只是表明了信息的传递渠道越来越依靠网络而不是其他。因此，虚拟政府也并没有超越科层制的组织模式。从组织功能来讲，虚拟政府起到了整合资源、提高办事效率的目的；从组织结构来讲，虚拟政府依靠网络，但是并没有创建一种新型的组织结构；从组织承载的价值来讲，虚拟政府也并没有实现公平和民主。所以，虚拟政府表明了政府组织在发生变化，但它并未触及科层制的根本，也不是一种新的组织模式。

合作制组织承载了信息社会的需求。信息社会的信息传递方式、人们的需求以及社会的治理模式都发生了根本变化，由此，承载社会需求的组织模式就需要变化。组织从生物学的意义上讲，是一种结构。组织所起的作用并不仅限于结构所起的稳定性的作用。社会赋予组织的任务及组织所能承载的功能表明了组织存在的必要性。组织模式的变化必须可以承担新的社会条件下的任务，因此，组织的变革就不能局限在内在结构的变化，还必须考虑到组织的社会功能。

合作制组织是在信息社会高度不确定性条件下产生的，它的设置体现了充分的灵活性。"我们应该放弃'组织是个机器'的想法——每一个动作都可预料且预先决定。我们必须把组织的运作方式想象得更生物。一个有生命的系统只有部分是被命定的，而且不是任何事都是可预测的。"③合作制组织既可以解决信息社会大量出现的常规性任务，也可以解决不可预测的非常规任务。信息社会里信息更新及社会的发展速度需要组织快速地处理组织任务，

---

① 倪星. 行政组织学 [M]. 北京：北京师范大学出版社，2013：109.
② [美] 简·芳汀. 构建虚拟政府 [M]. 邵国松，译. 北京：中国人民大学出版社，2010：4.
③ [美] 阿尔温·托夫勒. 权力的转移 [M]. 吴迎春，等译. 北京：中信出版社，2006：133.

"速度和新奇性大量地注入社会组织，这种状况迫使我们不仅要更迅速地对付熟悉的情况、事件和道德上的困境，而且要以越来越快的速度来对付我们肯定不熟悉的、'第一次'遇到的、新奇的、不规则的、不可预测的情况"①。对合作制组织来说，不可预测性并不会将其陷入被动的困境，它将受动态的、开放的组织理念支配来处理它与环境的关系。

合作制组织强调综合方法的重要性，"当然，合作制组织并不意味着取缔分工－协作，只是要求通过合作理念的植入去打破组织运行机制的僵化，赋予分工－协作以充分的灵活性"②。费埃德伯格认为，综合性的方法寻求向行动领域的回归，寻求将组织的干预建立在行动领域的诸种制约之上，并因此要求任何一种变革过程都要关注真正的、活生生的实体，关注经验性的人类体系。在经验性的体系中，行动者本人有着对自己行动的记录，而不是通过组织的流程和制度来记录。③ 行动者的回归意味着允许知识建立在局部有效性的基础上，那么，建立一种包含所有行动领域的总体性知识就变得不可能。它强调对权变方法的应用，基于不同的行动者设立不同的解决问题的方式。

合作制组织是在科层制组织基础上发展起来的，并没有将科层制组织的所有要素全部抛弃，它依然会需要权力、依然需要规则和制度，只是这一切要素有了伦理因素的支撑。但是，合作制组织作为信息社会的产物与科层制组织又有着显著的区别。合作制组织的组织蓝图是怎么样的？第一是网络结构。打破科层制的线性或多线性图式。第二是组织边界的模糊化。虚拟组织更使组织呈现无边界趋势。第三，组织的开放性。信息能量和资源在组织间可以自由流动。第四，差异化原则。每一个行动者的特殊性被尊重，科层制组织的标准化不复存在。④ 合作制组织的网络结构是一种"去结构化"⑤。合作制组织并不会受制于固定的组织结构，因其网络组织结构而具有了极大的灵

---

① [美]阿尔温·托夫勒. 未来的冲击[M]. 孟广均，等译. 贵阳：贵州人民出版，1985：2.
② 张康之. 走向合作制组织：组织模式的重构[J]. 中国社会科学，2020（1）：47-63.
③ [法]米歇尔·克罗齐埃，埃哈尔·费埃德伯格. 权力与规则——组织行动的动力[M]. 张月，等译. 上海：上海人民出版社，2005：388.
④ 王锋. 合作制组织建设与治理方式变革[J]. 探索，2016（6）：111-117.
⑤ 张康之. 论合作制组织的结构变革[J]. 学习与探索，2019（9）：65-73.

活性和开放性。

三、合作制组织的优势

信息社会的发展需要一种全新的组织模式,信息技术则为新的组织模式提供了一种全新的网络结构。网络渗透到社会的各个角落,它以自己的方式重新整合和创造了现存的世界,它将现实世界与虚拟空间进行了无缝对接,使得信息流动加快,合作治理成为可能。网络结构中,技术的使用者和操作者变成同一类人。因此,技术使用者被新技术赋予了更大的主动性,与其他使用者形成了多发的互动。"网络的形态似乎能够良好地适应日趋复杂的互动,以及源自这种互动的创造力量的不可预料发展。"[1] 因此,信息技术为形成新型的组织结构提供了技术支持。合作制组织以网络结构为基础,科层制组织是线性的垂直结构,二者的结构基础有着显著的差别,不同的结构决定着组织的沟通方式、权威来源和职能发挥。

就网络结构的本义来说,其特征表现为节点的流动,并且节点有处理信息的能力。因此,它的常态是处于动态发展中,而不是保持静态不动。信息技术为所有组织都提供了技术支持,它使政府组织的功能得以虚拟化,政府由此具有了"虚""实"结合的两面。"实"是指政府的主体结构,政府在合作制组织中起着主导作用,人、办公场所和管理技术都是实体化的。"虚"是指网络结构的存在使政府的功能在多处得以复制,人们可以不受时间和地点的限制来享受政府的服务。"虚"只是对政府功能的模拟,它不能代替政府的"实"。政府功能的"虚""实"两面使很多人认为实体政府会消失,这种看法夸大了信息技术的作用。"新技术的影响正以复杂的、出乎人们意料的方式表现出来,它实际上影响了组织的每一个方面。"[2] 信息技术虽然影响了组织的每个方面,但它引发组织变革的条件是与其他因素相结合。信息技术下,对

---

[1] [美]曼纽尔·卡斯特.网络社会的崛起[M].周凯,译.北京:社会科学出版社,2006:65.

[2] [加]加里斯·摩根.驾驭变革的浪潮[M].孙晓丽,译.北京:中国人民大学出版社,2002:82.

政府组织来说，最大的挑战是建立在信息技术基础上形成的网络结构与社会网络相结合产生的问题，本书将之称为社会网络结构问题。

在信息技术产生之前，政府就需要解决社会网络的问题，但是，工业社会的社会网络是流动性较少的，社会是以稳定性为主的。所以，科层制组织解决社会网络问题显得游刃有余。但是，信息社会的发展速度使得因网络结构和社会网络相结合而产生的问题变化非常快，看似小的问题可能在一夜之间就转变成社会危机，看似风平浪静的问题却隐藏着巨大的危险。因此，信息技术使得社会网络结构问题处于不可控的状态。这时，政府一定要快速提出解决办法，以最快的速度将事件平息下来，将事件的危害降到最低，并以最快的速度拿出解决办法。这就对信息技术下科层制组织的模式提出了新的要求，科层制组织的控制机制和等级机制显然已无法满足这种要求。科层制组织解决问题的思维方式是通过加强内部管理，巩固组织的边界，尽可能地减少组织环境中的不确定性。而网络结构则是对组织环境的压力进行分解，让每一个节点都分担一点压力，这样，环境的不确定性对组织的影响就会被每个节点分担，而且每个节点根据环境的特征来采取相应的应对措施，最终使环境问题通过合作的方式得以顺利解决。合作制组织解决问题的思维方式不是去减少不确定性，压制不确定性的社会条件，而是充分利用不确定性，充分展现组织的灵活性。

合作制组织的网络结构使其具备网络的一切特征，但是，网络结构作为一种机械的结构毕竟是为人所用的。网络结构并不会自然产生社会危机，只有占据网络节点的人及其所拥有的资源及相互之间的关系才是考验组织能力的标准。因此，合作制组织将科层制组织及其与社会的关系看作一个行动者系统，行动者可能是感性的，会产生偏离组织目标的行动；也可能是理性的，有着积极支持组织发展的一面。在信息技术下，行动者的行动并不仅限于组织内部，他与组织外部的交流可能对个人影响更大。行动者在组织内外部的交往形成了组织的社会网络。

奇达夫考察了组织社会网络的演变过程[①]，他认为，网络演变包括目标引

---

① 奇达夫，蔡文彬. 社会网络与组织[M]. 王凤彬，朱超威，译. 北京：中国人民大学出版社，2007：99-125.

导的过程和偶得的过程,这两个过程在运作方面存在很大差别。目标引导的特征表现为:在网络结构的演变过程中,有专门的管理人员协调或者引导组织成员的行为。目标引导意味着有管理者将行动者凝聚起来,实现组织的共同目标。偶得特征意味着网络演变主要受偶得过程的驱动,在行为的网络演变中不受专门的管理者以及组织目标的引导与制约。其实,人们之间的交往很多时候都是偶得型的。在偶得型网络演变中,对网络任意时点进行考察,发现行动者间可能存在某种共同的目标,也可能不存在某种目标。目标引导的过程与偶得的过程有着不同的行为网络演变形式,但是个体行为的发展往往是二者共同影响的结果,二者的共存和相互作用使得网络呈现为网状结构,而非线性结构。奇达夫虽是以企业组织为例来论述网络的演变,但是,两种网络演变的现象在科层制组织中也存在。

目标引导型的网络结构通常是正式组织采用的结构。它会通过组织的规则及规则审查将本组织与别组织区分开来,在该组织中,对成员的责任和利益会有明确的规定。"这样,目标引导的网络过程就倾向于具有一种官僚特征。"[1] 所以,目标引导型的网络组织倾向于正式的组织制度和组织结构。正式组织通常会强调目标的重要性,以便将组织成员凝聚起来。而偶得型网络形成的组织多为松散型的。"经由偶得过程发展的网络,可能表现为一种隐形的结构。它们因为缺乏官僚特征这些外在的标识物,所以是相对无形且不易观察到的。这类网络中没有正式的领导人。"[2] 偶得型网络虽多是松散型的,组织成员多是偶然性的联结,但是这类松散的网络组织却会阻碍正式组织的活动。松散的网络组织由于没有明确的目标,极可能由于一时兴趣、或某一社会事件而形成与正式组织目标相反的目标,而且其成员传递的信息很少是中立的,总是带有个人情感色彩,反映的是个人或部门的个别利益,这无疑会给正式目标的实现带来麻烦。

政府作为一个有组织的正式组织,它在网络发展过程中显然会遵从目标

---

[1] 奇达夫,蔡文彬. 社会网络与组织 [M]. 王凤彬,朱超威,译. 北京:中国人民大学出版社,2007:109.

[2] 奇达夫,蔡文彬. 社会网络与组织 [M]. 王凤彬,朱超威,译. 北京:中国人民大学出版社,2007:116.

引导型模式。组织目标是对组织未来的规划，是统领组织成员行动的动力，也是衡量组织效率的重要准则。组织目标可能是多层次的、多方面的。在信息技术产生之前，科层制组织是在实体状态中运作，组织目标的实现是比较容易的。但是在信息技术应用于科层制组织之后，政府组织被置于与社会互动的开放系统中，政府仅靠组织目标的凝聚力将组织成员团结起来就变得困难。对于政府而言，网络的发展使其面临两方面的困境：一是政府内部组织成员交往的偶得性；二是组织成员与组织外部公民社会交往的偶得性。这样，政府内部的目标引导型的网络演变就会受到两种偶得型网络演变的影响，从而使组织目标的实现过程受到很多外部因素的制约。

在社会网络的偶得型演变发展中，不仅要面对政府内部的环境，而且应更多关注政府外部的环境。从近些年的网络事件的发展来看，社会成员的偶得型网络交往是引起政府决策变化的一个重要原因。偶得型网络的存在也说明政府对网络的发展是很难控制的，即使对内部网络控制得很好，也无法阻止组织成员通过外部网络获得信息。科层制组织之所以陷入被动，跟信息技术的网络演变方式有很大的关系。网络的演变使本来简单的事件在同一时间由于多方面信息的输入而变得错综复杂，引起了社会危机。所以，由于找不到应对网络事件的办法，使得科层制组织呈现出全面的危机。

工业社会的社会网络是一种线性结构，科层制组织依靠控制就可以解决一切社会问题。权力在科层制组织中发挥着独特的作用，通过对资源的控制权使科层制组织处于中心地位，其他的组织要想生存，就必须向其提供资源以求得庇佑。科层制组织的这种生存方式是以对人的压制、对个体的压制为前提的。合作制组织则一反工业社会对人的漠视，建立在人的思想、感情的基础上。合作制组织的出发点是个体的行动，它将合作系统看作一个行动者系统。行动者在科层制组织中是被压制的，所以，只有通过行动者之间自愿的合作机制才能将偶发的社会问题的危害降到最低。合作制组织的社会网络结构是网状的，每个行动者都是广阔的社会网络结构中的一员，因此，行动者的自愿合作使合作制组织与环境有着天然的亲和力，它能以灵活性来应对环境的压力。合作制组织以合作的理念为指导，通过组织内部及组织之间的自愿合作来处理问题。

四、合作制组织的合作导向

合作制组织肩负着为人类提供社会秩序和优良公共产品以及服务的使命，它只有以合作为导向才能身兼重任。费埃德伯格认为，组织是人类社会的产物，是人类建构的，"其目的在于解决集体行动的诸种问题，而其中要解决的最为重要的是合作问题，以及生产一些公共物品"①。科层制组织解决社会问题的方式是控制，依靠强制性的命令来执行任务。在社会中无权的人就理所当然地受其支配，等级制度不仅是科层制组织内部存在的现象，它的社会管理也是依据这种支配来进行的。所以，科层制组织支配的社会是没有公平可言的。合作制组织则秉持公正公平的理念，通过合作的方式来将所有人凝聚在一起。

合作制组织以合作为导向，这使它区别于以协作为导向的科层制组织。协作与合作是有所区别的，罗尔斯认为，合作行动与协调行动是完全不同的，协调活动往往借助正式权威来进行，合作则是通过大家共同认可的规则来进行，大家依据共同遵守的规则来自觉指导自己的行为，从而形成合作。②协作具有一定的强制性，合作更强调自愿性。罗尔斯进一步强调合作所依存的社会条件，那就是社会公平和共同的善存在，合作的结果是每一个人的合理利益都能得到满足。罗尔斯认为合作需要社会伦理的支撑。

费埃德伯格将行动者的相互关系看成是一个系统，在此系统中，行动者的偶然行动可能会对组织的整体行动产生不良影响。因此，为避免行动者的非理性，使该系统获得最有利的结果，行动者行动之前必须先达成共识。行动者系统"似乎首先表现为这样一个事实，那就是没有任何一个行动者可以单方面作出任何决策；所有行动的必不可少的先决条件，就是达成一个可接受的共识"③。但是，例如系统内的每个部门或者单位都只考虑自己部门的事

---

① [法]米歇尔·克罗齐埃，埃哈尔·费埃德伯格.行动者与系统[M].张月，等译.上海：上海人民出版社，2007.
② [美]约翰·罗尔斯.正义论[M].何怀宏，等译.北京：中国社会科学出版社，1988：11.
③ [法]米歇尔·克罗齐埃，埃哈尔·费埃德伯格.行动者与系统[M].张月，等译.上海：上海人民出版社，2007：247.

情，都希望处理好自己和上级的关系，这样的共识的形成非常困难。"相似单位间的不合作和互相回避，已经成为一种规则。"① 共识是不可能通过各方的协商而达成的，协商通常需要具有一定权威性的机构来调解双方的行动。当有其他机关介入时，可能存在机关将自己的意志强加在行动者身上，使行动者遵从第三方的意志。可见，协调活动往往需要第三方的权威，并且协调活动缺少自愿性；而合作则是出于自愿的。

卡蓝默是这样论述合作伙伴关系的建立的：合作关系"本身就要求一个有组织的行动者所组成的社会，以自然的方式体现社会上的各种力量和各种利益"②。但事实并非如此。合作伙伴关系的建立需要三个条件：第一，它本身需要一种机制上的价值，即得到大家的认可；第二，给每个行动者以发言权，尤其强调给社会最底层的群体以发言权；第三，承认他人的能力。最后一个条件是合作伙伴关系的决定性因素。承认他人的能力意味着行动者不仅有发言权，也要主动承担责任。由此看来，合作是建立在平等的行动者主体之上的。行动者处于平等的地位，合作才可能建立。合作基于一种共同的伦理约定，在这种伦理约定中，合作者无后顾之忧。如果一方拥有特权，而另一方没有，那么建立的"合作"其实是协作。

张康之对协作与合作作了进一步区分。他认为："合作具有三个层次或三种形式，即'互助''协作'和'合作'。"③ 互助更多的带有感性化、感情化的色彩，它是最低层次的合作。协作是建立在工业社会分工的前提下的，从属于工具理性的支配，是完成目标的一种途径，是低层次的互助与高层次的合作的中间形式；协作虽比互助的形式高级，但是仍然从属于工具理性，它并不是从道德状况出发来考虑问题的，没有社会基本善的指引，因此，协作不会自动实现公共利益；协作的动机是个人利益，它是基于个人能力的有限性而采取的一种非自愿的合作。合作既要求合作者具有自主性，不为外力所

---

① [法]米歇尔·克罗齐埃，埃哈尔·费埃德伯格.行动者与系统[M].张月，等译.上海：上海人民出版社，2007：248.
② [法]皮埃尔·卡蓝默.破碎的民主[M].高凌瀚，译.北京：生活·读书·新知三联书店，2005：161.
③ 张康之.合作是一种不同于协作的共同行动模式[J].文史哲，2013（5）：157-164.

支配，也不满于组织既定的规则和系统的束缚。合作要求合作者的动机或者能力相近，协作则不是以自主或平等为目标。因此，协作与合作的区别是非常明显的。显然，科层制组织是一个协作的体系，行动者从属于工具理性的目的，将协作看作是实现自己利益的手段。

对于协作的工具理性，阿克塞尔罗德的论述很详细。合作的建立依赖两个重要条件：第一，通过合作，人们会取得回报；第二，回报需具有稳定性，以影响下次的行为。基于回报的合作一旦建立，它就能保障自己不受外部策略的干扰。这就意味着合作一旦建立，它还具有持久性。他认为，合作的个体不必是理性的，对合作的原因不需要更多的了解，只要别人选择合作，自己就选择合作。合作不需要中央权威，基于回报的合作可以自动维持合作的持久性。①阿克塞尔罗德最不可思议的一个结论是合作不需要伦理基础的支持，合作不需要信任。但是他在对堑壕战的论述中，恰恰表明了信任是基于合作建立。在堑壕战中，德国士兵的道歉恰恰是"由于违反相互信任而表示的"②，所以"自己活也让别人活"的回报理念仍然是建立在信任的基础上。

张康之认为，合作是基于信任的。"信任与合作是同构的。信任既是合作的前提，也是合作的结果，合作包含着信任，信任也同时意味着合作。"③信任与合作是密不可分的，人们合作就是基于对对方的信任，而信任则进一步增强了合作。信息技术的产生使人们的合作成为社会发展的普遍性现象，而网络结构则暗含着对人们的基本信任。只有基于人们之间信任的合作，才能弥补违反信任带来的风险。

信任也是建立在道德基础上的。福山认为，社会的稳定与繁荣仅有法律、理性和契约是远远不够的，只有包含道德、信任和责任的社会才会长远发展。道德、信任缘于非理性，依靠的是人们的自觉。④当组织追求正当的善，将组

---

① [美]罗伯特·阿克塞尔罗德.合作的进化[M].吴坚忠，译.上海：上海人民出版社，2007：120.
② [美]罗伯特·阿克塞尔罗德.合作的进化[M].吴坚忠，译.上海：上海人民出版社，2007：59.
③ 张康之.论信任、合作与合作制组织[J].人文杂志，2008（2）：53-58.
④ [美]弗朗西斯·福山.信任——社会道德与繁荣的创造[M].彭志华，译.北京：远方出版社，1998：18.

织成员的个人理性和感情都予以充分重视的时候，组织成员对组织就会充满信任，进而建立与组织的合作。在组织对其成员没有足够的承认，即剥夺其参与的权利时，组织成员与组织之间就不可能有真正的合作。

合作制组织意味着组织基于共同的纽带将人们联系在一起，比如共同的组织目标、组织利益；意味着在这样的组织中，组织成员的重要诉求得到了关注，成员之间相互帮助；意味着组织将承担因个体成员的失信带来的风险。在合作制组织中，组织成员有强烈的归属感，有着对组织整体行为的理解与包容，他们将组织的发展看成是与自己共同成长的过程。在合作制组织中，政府与组织成员的关系有了新的发展。同样，政府与民众的关系也发生了变化。政府与民众不是管理者与被管理者的"中心－边缘"关系，而是服务者与被服务者的新型平等互动关系，新型政府公共关系得以建立。

合作制组织当然也需要制度和规则，但是与以往不同的是，制度和规则有着重要的伦理支撑。弗雷德里克森认为，对于美国政府而言，公民对科层制组织已深感绝望，为重新建立公民对政府的信任，他将改革的希望寄托在公共管理者身上。公共管理者只有肩负组织的道德责任，把乐善好施的爱国主义付诸实践，才能挽救政府的形象。[1] 弗雷德里克森最后向伦理的求助表明了科层制组织存在的一以贯之的压制伦理价值的倾向，因此，科层制组织中公民与政府的合作是不可能建立的。即使是组织内部，组织成员之间也不会有合作。合作制组织依然需要制度和规则，但是，这种秩序与人的生存是融为一体的，人们会自觉地服从于制度的制约，因为制度是符合道德要求的，它内含着道德合理性，建立在社会基本善的基础上，其目标是促进人的全面发展。人的全面发展在组织中的体现即人与组织制度和规则的"共处"关系，"'共处'意味着存在于统一体中的各方都以对方为自己存在的前提，任何一方的不存在都是对对方的否定"[2]。人的自由发展必然是在规则约束之下才能进行，在伦理支撑下的制度使得人对规则的敬畏和遵守是发自内心的，正如孔子所说的"七十而从心所欲，不逾矩"，制度和规则自然得到人

---

[1] [美]乔治·弗雷德里克森. 公共行政的精神[M]. 张成福, 等译. 北京：中国人民大学出版社, 2003：204.

[2] 苗俊玲. 论自然界的权利及其阐释场域[J]. 社会科学家, 2011（12）：12-15.

们的认可和遵从。

从社会治理的实践来看,随着后工业社会中社会关系的变化,政府对社会的管理方式也发生变化,政府在社会治理中不能再以管制者的身份出现,而且随着社会事务管理的复杂化,很多公共物品和公共服务需要由社会来承担,这就为多元主体参与社会治理提供了机会。"但是多元治理主体的出现只说明政府不能再垄断一切,而多元主体如何进行治理,并没有一个合适的方式,据福克斯的话语民主理论,其核心还在于政府之外的治理主体如何参与到治理过程中来。"[1] 也就是说政府只是给多元主体参与治理提供了一些空间,但是参与的实质问题没有根本解决。合作治理理论则为多元主体参与提供了实质上的参与可能性,"社会治理可以通过多元主体之间的网络合作关系(而不是参与)来实现"[2]。通过数据平台、工作团队、任务型组织等虚拟平台和组织形式,政府与社会之间建立起普遍的合作关系。网络结构提升了政府组织对内外复杂环境变化的应对能力,即使政府线下活动受阻,线上仍然可以继续。政府可以随时根据社会问题及需要完成的任务来为多元主体参与提供参与的渠道和平台。

合作制组织作为一种组织形态,以对人的高度重视而使其具有优越性。合作治理作为一种实践形式,已充分反映出社会发展中的合作动向。合作制组织不同于科层制组织以效率为目标的线性治理模式,它追求的是组织多方面的共同演进,从属于非线性的社会治理。合作制组织反映的是人的根本利益,它通过完成社会服务,并且不断地进行组织规则的演进和组织结构的动态开放,最终成为具有内在伦理支持的新型组织。

---

[1] 王锋.合作制组织建设与治理方式变革[J].探索,2016(6):111-117.
[2] 邵娜.论技术与制度的互动关系[J].中州学刊,2017(2):7-12.

参 考 文 献

（一）译著

[1] 路德维希·冯·米塞斯. 官僚体制——反资本主义的心态 [M]. 北京：新星出版社，2007.

[2] 诺玛·哈里森. 技术管理 [M]. 肖勇波，等译. 北京：清华大学出版社，2004.

[3] 欧文·E 休斯. 公共管理导论 [M]. 彭和平，等译. 北京：中国人民大学出版社，2001.

[4] 罗伯特·米歇尔斯. 寡头统治铁律 [M]. 任军锋，译. 天津：天津人民出版社，2002.

[5] 马克斯·韦伯. 经济与社会 [M]. 林荣远，译. 北京：商务印书馆，2006.

[6] 马克斯·韦伯. 韦伯作品集Ⅰ [M]. 钱永祥，等译. 桂林：广西师范大学出版社，2004.

[7] 马克斯·韦伯. 韦伯作品集Ⅱ [M]. 康乐，等译. 桂林：广西师范大学出版社，2004.

[8] 马克斯·韦伯. 韦伯作品集Ⅲ [M]. 康乐，简惠美，译. 桂林：广西师范大学出版社，2004.

[9] 马克斯·韦伯. 韦伯作品集Ⅳ [M]. 康乐，简惠美，译. 桂林：广西师范大学出版社，2004.

[10] 乌尔里希·贝克. 风险社会 [M]. 何博闻，译. 南京：译林出版社，2004.

[11] 尤尔根·哈贝马斯. 理论与实践 [M]. 郭官义，李黎，译. 北京：社会科学文献出版社，2004.

[12] 尤尔根·哈贝马斯. 作为"意识形态"的技术与科学 [M]. 李黎, 郭官义, 译. 北京: 学林出版社, 1999.

[13] 埃哈尔·费埃德伯格. 权力与规则——组织行动的动力 [M]. 张月, 等译. 上海: 上海人民出版社, 2005.

[14] 克罗戴特·拉法耶. 组织社会学 [M]. 安延, 译. 北京: 社会科学文献出版社, 2000.

[15] 拉塞尔·M 林登. 无缝隙政府 [M]. 汪大海, 等译. 北京: 中国人民大学出版社, 2002.

[16] 米歇尔·克罗齐埃, 埃哈尔·费埃德伯格. 权力者与系统 [M]. 张月, 等译. 上海: 上海人民出版社, 2007.

[17] 米歇尔·克罗齐埃. 被封锁的社会 [M]. 刘培龙, 译. 北京: 商务印书馆, 1989.

[18] 米歇尔·克罗齐埃. 法令不能改变社会 [M]. 张月, 译. 上海: 上海人民出版社, 2008.

[19] 米歇尔·克罗齐埃. 科层现象 [M]. 刘汉全, 译. 上海: 上海人民出版社, 2002.

[20] 莫里斯·迪韦尔热. 政治社会学——政治学要素 [M]. 杨祖功, 等译. 北京: 东方出版社, 2007.

[21] 皮埃尔·卡蓝默. 破碎的民主 [M]. 高凌瀚, 译. 北京: 生活·读书·新知三联书店, 2005.

[22] 金允权, 陈潭. 政府 3.0[M]. 北京: 中国社会科学出版社, 2019.

[23] 亨利·明茨伯格. 管理进行时 [M]. 何峻, 吴进操, 译. 北京: 机械工业出版社, 2010.

[24] 亨利·明茨伯格. 卓有成效的组织 [M]. 魏清江, 译. 北京: 中国人民大学出版社, 2012.

[25] 加里斯·摩根. 驾驭变革的浪潮 [M]. 孙晓丽, 译. 北京: 中国人民大学出版社, 2002.

[26] F 拉普. 技术哲学导论 [M]. 康荣平, 等译. 北京: 中国人民大学出版社, 2002.

[27] W E 哈拉尔.新资本主义[M].冯韵文,等译.北京:社会科学文献出版社,1999.

[28] B 盖伊·彼得斯.官僚政治[M].聂露,等译.北京:中国人民大学出版社,2006.

[29] B 盖伊·彼得斯.政府未来的治理模式[M].吴爱明,等译.北京:中国人民大学出版社,2001.

[30] G 戴维·加森.公共部门信息技术[M].刘五一,译.北京:清华大学出版社,2005.

[31] H 乔治·弗雷德里克森.新公共行政[M].丁煌,方兴,译.北京:中国人民大学出版社,2011.

[32] O C 麦克斯怀特.公共行政的合法性——一种话语分析[M].吴琼,译.北京:中国人民大学出版社,2002.

[33] 阿尔弗雷德·D 钱德勒,詹姆斯·W 科塔达.信息改变了美国[M].万岩,邱燕娟,译,上海:上海远东出版社,2011.

[34] 阿尔温·托夫勒.第三次浪潮[M].朱志焱,等译.北京:新华出版社,1997.

[35] 阿尔温·托夫勒.权力的转移[M].吴迎春,等译.北京:中信出版社,2006.

[36] 阿尔温·托夫勒.未来的冲击[M].孟广均,等译.贵阳:贵州人民出版社,1985.

[37] 艾赅博,百里枫.揭开行政之恶[M].白锐,译.北京:中央编译出版社,2009.

[38] 安东尼·唐斯.官僚制内幕[M].郭小聪,等译.北京:中国人民大学出版社,2006.

[39] 彼得·M 布劳,理查德·W 斯科特.正规组织:一种比较方法[M].夏明忠,译.北京:东方出版社,2006.

[40] 彼得·布劳,马歇尔·梅耶.现代社会中的科层制[M].马戎,等译.北京:学林出版社,2001.

[41] 彼得·德鲁克.21世纪的管理挑战[M].朱燕斌,译.北京:机械工业出

版社，2006.

[42] 彼得·德鲁克. 功能社会 [M]. 曾琳，译. 北京：机械工业出版社，2007.

[43] 彼得·德鲁克. 巨变时代的管理 [M]. 曾琳，译. 北京：机械工业出版社，2006.

[44] 彼得·圣吉. 第五项修炼——学习型组织的艺术与实务 [M]. 郭进隆，译. 上海：上海三联书店，1998.

[45] 布莱恩·阿瑟. 技术的本质 [M]. 曹东溟，王健，译. 杭州：浙江人民出版社，2018.

[46] 查尔斯·J 福克斯，休·T 米勒. 后现代公共行政 [M]. 楮艳红，等译. 北京：中国人民大学出版社，2002.

[47] 查尔斯·T 葛德塞尔. 为科层制正名——一场公共行政的辩论 [M]. 张怡，译. 上海：复旦大学出版社，2007.

[48] 戴维·奥斯本，特德·盖布勒. 改革政府：企业精神如何改革着公共部门 [M]. 周敦仁，等译. 上海：上海译文出版社，1996.

[49] 戴维·约翰·法默尔. 公共行政的语言：官僚制、现代性和后现代性 [M]. 吴琼，译. 北京：中国人民大学出版社，2005.

[50] 丹尼尔·贝尔. 后工业社会的来临 [M]. 高铦，等译. 北京：商务印书馆，1986.

[51] 丹尼尔·雷恩. 管理思想的演变 [M]. 赵睿，等译. 北京：中国社会科学出版社，2000.

[52] 丹尼斯·朗. 权力论 [M]. 陆震纶，等译. 北京：中国社会科学出版社，2001.

[53] 费勒尔·海迪. 比较公共行政 [M]. 刘俊生，译. 北京：中国人民大学出版社，2011.

[54] 芬伯格. 可选择的现代性 [M]. 陆俊，等译. 北京：中国社会科学出版社，2003.

[55] 弗莱蒙特·E 卡斯特，詹姆斯·E 罗森茨韦克. 组织与管理：系统方法与权变方法 [M]. 傅严，等译. 北京：中国社会科学出版社，2000.

[56] 戈登·塔洛克. 官僚体制的政治 [M]. 柏克，郑景胜，译. 北京：商务印

书馆，2010.

[57] 海尔·G 瑞尼.理解和管理公共组织[M].王孙禹,达飞,译.北京：清华大学出版社,2002.

[58] 赫伯特·马尔库塞.单向度的人[M].张峰,等译.重庆：重庆出版社,1998.61.

[59] 怀特,亚当斯.公共行政研究——对理论与实践的反思[M].刘亚平,高洁,译.北京：清华大学出版社,2005.

[60] 吉布森.组织学：行为、结构和过程[M].王常生,译.北京：电子工业出版社,2002.

[61] 简·芳汀.构建虚拟政府[M].邵国松,译.北京：中国人民大学出版社,2010.

[62] 杰伊·沙夫里兹,E W 拉塞尔,克里斯托弗·P 伯里克.公共行政导论[M].刘俊生,等译.北京：中国人民大学出版社,2011.

[63] 李·G 鲍曼,特伦斯·E 迪尔.组织重构——艺术、选择及领导[M].桑强,等译.北京：高等教育出版社,2005.

[64] 理查德·H 霍尔.组织：结构、过程及结果[M].张友星,等译.上海：上海财经大学出版社,2003.

[65] 理查德·J 斯蒂尔曼二世.公共行政学：概念与案例[M].竺乾威,等译.北京：中国人民大学出版社,2004.

[66] 理查德·斯科特.组织理论：理性、自然与开放系统的视角[M].黄洋,等译.北京：华夏出版社,2002.

[67] 罗伯特·K 默顿.社会理论和社会结构[M].唐少杰,等译.南京：译林出版社,2006.

[68] 罗伯特·登哈特.公共行政：一门行动的学问[M].谭功荣,译.北京：北京大学出版社,2013.

[69] 马克·E 沃伦编.民主与信任[M].吴辉,译.北京：华夏出版社,2004.

[70] 麦克尔·巴泽雷.突破官僚制：组织管理的新愿景[M].孙宪遂,等译.北京：中国人民大学出版社,2002.

[71] 曼纽尔·卡斯特.网络社会的崛起[M].周凯,译.北京：社会科学出版社,

2009.

[72] 尼古拉斯·亨利.公共行政与公共事务 [M].孙迎春,译.北京:中国人民大学出版社,2002.

[73] 乔纳森·汤普金斯.公共管理学说史 [M].夏镇平,译.上海:上海译文出版社,2010.

[74] 切斯特·I 巴纳德.经理人员的职能 [M].孙耀君,等译.北京:中国社会科学出版社,1997.

[75] 全钟燮.公共行政的社会建构:解释与批判 [M].孙柏瑛,等译.北京:北京大学出版社,2008.

[76] 塞缪尔·P 亨廷顿.变革社会中的社会秩序 [M].李盛平,等译.北京:华夏出版社,1988.

[77] 史蒂文·凯尔曼.发动变革:政府组织再造 [M].扶松茂,译.上海:格致出版社,2013.

[78] 斯蒂芬·P 罗宾斯,蒂莫西·A·贾齐.组织行为学 [M].李原,等译.北京:中国人民大学出版社,2008.

[79] 斯蒂芬·P 罗宾斯.组织行为学精要 [M].郑晓明,等译.北京:电子工业出版社,2005.

[80] 斯蒂芬·戈德史密斯,威廉·D 艾格斯.网络化治理——公共部门的新形态 [M].孙迎春,译.北京:北京大学出版社,2008.

[81] 汤普森.行动中的组织——行政理论的社会科学基础 [M].敬乂嘉,译.上海:上海人民出版社,2007.

[82] 文森特·奥斯特罗姆.美国公共行政的思想危机 [M].毛寿龙,译.上海:上海三联书店,1999.

[83] 沃尔特·W 鲍威尔,保罗·J 迪马吉奥.组织分析的新制度主义 [M].姚伟,译.上海:上海人民出版社,2008.

[84] 小詹姆斯·I 卡什,罗伯特·G 埃克尔斯.创建信息时代的组织 [M].刘晋,等译.大连:东北财经大学出版社,2000.

[85] 雅米尔·吉瑞赛特.公共组织管理——理论和实践的演进 [M].李丹,译.上海:上海译文出版社,2003.

[86] 伊恩·帕尔默，理查德·邓福德，吉布·埃金.组织变革管理 [M].金永红，等译.北京：中国人民大学出版社，2009.

[87] 约翰·罗尔斯.正义论 [M].何怀宏，等译.北京：中国社会科学出版社，1988.

[88] 詹姆斯·马奇，赫伯特·西蒙.组织 [M].邵冲，译.北京：机械工业出版社，2008.

[89] 佐藤庆幸.官僚制社会学 [M].朴玉，等译.北京：生活·读书·新知三联书店，2009.

[90] D S 皮尤.组织理论精粹 [M].彭和平，译.北京：中国人民大学出版社，1990.

[91] 梅雷迪思·R 贝尔滨.未来的组织形式 [M].郑海涛，王瑾瑜，译.北京：机械工业出版社，2001.

[92] 阿尔布罗.科层制 [M].阎步克，译.北京：知识出版社，1990.

[93] 安德鲁·海伍德.政治学核心概念 [M].吴勇，译.天津：天津人民出版社，2008.

[94] 鲍曼.现代性与大屠杀 [M].杨玉东，史建华，译.南京：译林出版社，2002.

[95] 戴维·毕瑟姆.科层制 [M].韩志明，译.长春：吉林人民出版社，2005.

[96] 敦利威.民主、官僚制与公共选择 [M].张庆东，译.北京：中国青年出版社，2003.

[97] 简·莱恩.新公共管理 [M].赵成根，译.北京：中国青年出版社，2004.

[98] 拉尔夫·D 斯泰西.组织中的复杂性与创造性 [M].宋雪峰，曹庆仁，译.成都：四川人民出版社，2000.

[99] 迈尔-舍恩伯格，库克耶.大数据时代 [M].盛扬燕，周涛，译.杭州：浙江人民出版社，2013.

[100] 齐格蒙特·鲍曼.被围困的社会 [M].郇建立，译.南京：江苏人民出版社，2006.

[101] 齐格蒙特·鲍曼.后现代伦理学 [M].张成岗，译.南京：江苏人民出版社，2003.

[102] 约翰·查尔德. 组织：当代理论与实践 [M]. 刘勃，译. 北京：华夏出版社，2009.

[103] 约翰·基恩. 公共生活与晚期资本主义 [M]. 马音，等译. 北京：社会科学文献出版社，1999.

（二）国内著作

[1] 包文静，唐丽颖. 组织设计 [M]. 杭州：浙江大学出版社，2012.

[2] 陈昌曙，边德玉. 技术选择论 [M]. 沈阳：辽宁人民出版社，1980.

[3] 陈春花. 激活个体：互联时代的组织管理新范式 [M]. 北京：机械工业出版社，2016.

[4] 陈潭，等. 大数据时代的国家治理 [M]. 北京：中国社会科学出版社，2015.

[5] 戴黍，牛美丽，等. 公共行政学中的批判理论 [M]. 北京：中国人民大学出版社，2008.

[6] 董礼盛，刘作奎，等. 发达国家电子治理 [M]. 北京：社会科学文献出版社，2012.

[7] 范炜烽. 当代西方政府管理改革价值选择研究 [M]. 北京：中国社会科学出版社，2012.

[8] 郭威. 新组织设计 [M]. 北京：经济科学出版社，2011.

[9] 姜振寰. 技术哲学概论 [M]. 北京：人民出版社，2009.

[10] 靖继鹏. 应用信息经济学 [M]. 北京：科学出版社，2002.

[11] 李维安，等. 网络组织 [M]. 北京：经济科学出版社，2003.

[12] 彭和平，竹立家. 国外公共行政理论精选 [M]. 北京：中共中央党校出版社，1997.

[13] 彭正银. 网络治理：理论与模式研究 [M]. 北京：经济科学出版社，2003.

[14] 曲维枝. 信息产业与我国经济社会发展 [M]. 北京：人民出版社，2002.

[15] 宋敏. 公共行政的价值反思与理性重构——西方新公共行政学研究 [M]. 济南：山东大学出版社，2014.

[16] 孙耀君. 西方管理学名著提要 [M]. 南昌：江西人民出版社，1992.

[17] 唐任伍. 中国政务信息化研究 [M]. 贵阳：贵州人民出版社，2010.

[18] 王谦. 电子政务 [M]. 重庆：重庆大学出版社，2005.

[19] 谢立中. 西方社会学名著提要 [M]. 南昌：江西人民出版社，1998.

[20] 徐子沛. 大数据 [M]. 桂林：广西师范大学出版社，2015.

[21] 杨路明，等. 电子政务 [M]. 北京：电子工业出版社，2010.

[22] 于显洋. 组织社会学 [M]. 北京：中国人民大学出版社，2001.

[23] 袁振国. 教育研究方法 [M]. 北京：高等教育出版社，2000.

[24] 张建锋. 数字政府2.0：数据智能助力治理现代化 [M]. 北京：中信出版社，2020.

[25] 张江健. 智能化浪潮 [M]. 北京：化学工业出版社，2017.

[26] 张杰. 变革与回归——中国政府网络信息传播研究 [M]. 北京：中国社会科学出版社，2010.

[27] 张康之. 公共行政的行动主义 [M]. 南京：江苏人民出版社，2014.

[28] 张康之. 公共行政学 [M]. 北京：经济科学出版社，2010.

[29] 张康之. 任务型组织研究 [M]. 北京：中国人民大学出版社，2009.

[30] 张康之. 行政伦理的观念与视野 [M]. 北京：中国人民大学出版社，2012.

[31] 张楠. 信息技术采纳与电子政务 [M]. 北京：清华大学出版社，2010.

[32] 张正德. 美国信息技术的发展及其经济影响 [M]. 武汉：武汉大学出版社，1995.

[33] 周桂先. 数字政府治理的理论解读与实施方法探讨 [M]. 北京：中国社会科学出版社，2019.

[34] 周雪光. 组织社会学十讲 [M]. 北京：社会科学文献出版社，2003.

[35] 竺乾威. 公共行政学原理 [M]. 上海：复旦大学出版社，2008.

（三）学术论文

[1] 陈水发. 技术驱动与治理变革：人工智能对城市治理的挑战及政府的回应策略 [J]. 探索，2019（6）：34-43.

[2] 高凤华. 论信息技术与行政组织结构的关系 [J]. 江西社会科学, 2002（10）: 119-120.

[3] 管平中. 从官僚制到网络组织: 融合而非替代 [J]. 福建论坛, 2011（12）: 49-50.

[4] 从"科层式供给"到"合作化供给"——街区公共服务供给机制的个案分析 [J]. 武汉大学学报, 2006（5）: 655-660.

[5] 胡税根, 杨竞楠. 发达国家数字政府建设的探索与经验借鉴 [J]. 探索, 2021（1）: 77-86.

[6] 胡显根. 浅论政府治理工具创新的制度——技术逻辑 [J]. 安徽行政学院学报, 2021（1）: 39-44.

[7] 黄璜. 中国"数字政府"的政策演变——兼论"数字政府"与"电子政务"的关系 [J]. 行政论坛, 2020（3）: 47-55.

[8] 黄其松, 刘强强. 大数据与政府治理革命 [J]. 行政论坛, 2019（1）: 56-64.

[9] 黄晓春. 碰撞与融合: 信息技术嵌入政府部门运作的机制研究 [D]. 上海: 上海大学, 2008: 67-110.

[10] 金杭庆. 冲突与融合: 信息技术嵌入与组织结构重构——基于"技术执行分析框架"的视角 [J]. 中共南京市委党校学校, 2011（5）: 47-52.

[11] 李承, 王运生. 当代公共行政的民主范式 [J]. 政治学研究, 2000（4）: 45-54.

[12] 李怡文. 企业IT/IS采纳决策行为模型分析 [J]. 现代管理科学, 2006（2）: 39-42.

[13] 李怡文. 组织在采纳信息技术前后的行为影响因素比较研究 [D]. 上海: 同济大学, 2006: 20-75.

[14] 刘祖云. 超越"虚拟的美丽": 技术与组织制度互构的理论阐释 [J]. 社会科学研究, 2010（4）: 141-148.

[15] 陆聂海. 国外民主行政研究综述 [J]. 华中科技大学学报, 2013（4）: 77-84.

[16] 彭新武. 官僚制: 批判与辩护 [J]. 福建论坛, 2009（5）: 60-67.

[17] 邱泽奇. 技术与组织的互构——以信息技术在制造企业的应用为例 [J]. 社会学研究, 2005（2）: 32-54.

[18] 田华文. 虚拟政府——一种和谐的"政府"形式 [J]. 哈尔滨学院学报,

2010（8）：23-26.

[19] 王萍．政府电子化进程中信息通信技术的地位和功用研究[J]．行政论坛，2019（4）：82-86.

[20] 王山．新中国70年信息技术变革与政府管理创新的回顾与展望[J]．西南民族大学学报，2019（8）：8-15.

[21] 杨建荣．信息技术植入与组织结构重组——以"A"街道一门式电子政务中心为个案的分析[D]．上海：上海大学，2008：104.

[22] 张康之．后工业化进程中的组织变革[J]．中国社会科学院研究生院学报，2006（7）：11-18.

[23] 张康之．论全球化背景下的组织模式变革[J]．天津行政学院学报，2015（1）：30-36.

[24] 张康之．论社会治理中的技术与制度的辩证法[J]．甘肃行政学研学报，2013（2）：4-11.

[25] 张康之．论信任、合作以及合作制组织[J]．人文杂志，2008（2）：53-58.

[26] 张康之．探寻新的组织形态的行政学研究[J]．中共福建省委党校学报，2009（1）：4-11.

[27] 张锐昕，杨国栋．论电子政府的政府基础：起始条件与构建策略[J]．求索，2012（1）：43-45.

[28] 张义芳，韩丹丹．政府变革中的组织惯性分析[J]．湖北广播电视大学学报，2006（11）：107-108.

[29] 郑钟扬．从技术进步角度浅析电子政府的本质与发展路径[J]．电子政务，2010（7）：87-91.

[30] 竺乾威．从新公共管理到整体性治理[J]．中国行政管理，2008（10）：52-58.

[31] 竺乾威．官僚化、去官僚化及其平衡：对西方公共行政改革的一种解读[J]．中国行政管理，2010（4）：47-50.

（四）英文著作及文献

[1] Aikaterini Yannoukakou, Iliana Araka.Access to government information: right

to information and open government data synergy original[J]. Procedia - Social and Behavioral Sciences, 2014(147):332-340.

[2] Bellamyc C, Taylor J A. Governing in the information age[M].Buckingham: Open University Press,1998.

[3] Bruce G Charlton. The cancer of bureaucracy: How it will destroy science, medicine,education, and eventually everything else[J].Journal of Medical Hypotheses and Ideas, 2010,74(6):961-965.

[4] Burhan Aykac, Hatice Metin. The future of public organizations[J].Procedia - Social and Behavioral Sciences, 2012(62):468-472.

[5] Christian Bjørnskov, Pierre-Guillaume Méon.The Productivity of Trust[J]. World Development,2015(70):317-331.

[6] Eric W Welch, Mary K Feeney. Technology in government: How organizational culture mediates information and communication technology outcomesOriginal[J]. Government Information Quarterly, 2014, 31(4):506-512.

[7] Felicia Andrionia,Lavinia Elisabeta Popp.Organizational communication in social care organizations from hunedoara county, Romania[J].Procedia - Social and Behavioral Sciences,2012(62):590-594.

[8] Fereydoon azma, Mohammad Ali Mostafapour, Hamid Rezaei. The application of information technology and its relationship with organizational intelligence[J].Procedia Technology,2012(1):94-97.

[9] Holmes D. E-Gov: E-Business Strategies for Govern-ment[M].London: Nicholas Brealey Publishing,2001.

[10] Iane E Foutain.Digital government[M].Springer:Springer International Publishing. Switzerland,2016.

[11] James W Fesler, Donald F Kettl. The Politics Administratie Process[M]. Chatham: Chatham House Publishers, Inc., 1996.

[12] Jeffrey P Carpenter, Amrita G Daniere, Lois M. Takahashi. Cooperation, trust, and social capital in Southeast Asian urban slums[J].Journal of Economic Behavior & Organization, 2004,55(4):533-551.

[13] Jeffrey J Pittaway, Ali Reza Montazemi.Know-how to lead digital transformation:the case of local governments[J].Government Information Quarterly,2020(37):101474.

[14] Jetske Bouma, Erwin Bulte, Daan van Soest.Trust and cooperation: Social capital and community resource management Original[J].Journal of Environmental Economics and Management, 2008,56(2):155-166.

[15] Jifeng Luo, Ming Fan, Han Zhang. Information technology and organizational capabilities: A longitudinal study of the apparel industry[J]. Decision Support Systems,2012,53(1):186-194.

[16] John A Rohr. Public Service, Ethics and Constitutional Practice[M].Lawrence: University Presss of Kansas, 1998.

[17] John A Rohr. The end of Liberalism[M]. New York: W W Norton & Company, 1979.

[18] John T Snead, Elisabeth Wright.E-government research in the United States[J]. Government Information Quarterly, 2014,31(1):129-136.

[19] Lawrence R Johns, Fred Thompson.Public Management Renewal for the Twenty First Cenrury[M].Connecticut:JAI Press,1999.

[20] Luis Felipe Luna-Reyes, John C Bertot, Sehl Mellouli. Open Government, Open Data and Digital Government[J].Government Information Quarterly, 2014,30(1):4-5.

[21] Olivier Compte,Andrew Postlewaite.Plausible cooperation[J].Games and Economic Behavior,2015(91):45-59.

[22] Owen E. Huges, Public Management and Administration: An Introduction[M]. Beijing: China Renmin University,2005.

[23] Philip Selznick. leadership in Administration[M].Berkeley: University of California Press,1984.

[24] Taewoo Nam.Determining the type of e-government use[J].Government Information Quarterly,2014,31(2):211-220.

[25] Toni Ahlqvist.From information society to biosociety? On societal

waves,developing key technologies,and new professions[J].Technological Forecasting and Social Change,2005,72(5):501-519.

[26] West D M. Digital Government: Technology and Public Sector-Performance[M]. New Jersey: Princeton University Press, 2005.

[27] William Anthony Hay.What Is Democracy? Liberal Institutions and Stability in Changing Societies[J]. Orbis, 2006,50(1):133-151.